ウィトゲンシュタイン 明確化の哲学

WITTGENSTEIN'S PHILOSOPHICAL CLARIFICATION

大谷弘
OHTANI HIROSHI

青土社

ウィトゲンシュタイン　明確化の哲学　目次

ウィトゲンシュタイン　明確化の哲学

凡例

ウィトゲンシュタインの著作については、次の略記を用いて言及する。なお、BGM, LW1, OC, PI, PPF, RC, RPP1, TLP は節番号で言及する。その他は、ページ番号で言及する。

BB: *The Blue and Brown Books*. Second edition. Oxford: Blackwell, 1969.（『青色本』大森荘藏（訳）、筑摩書房、二〇一〇年。）

BFGB: "Bemerkungen über Frazers Golden Bough." In James Klagge and Alfred Nordmann (eds.), *Ludwig Wittgenstein: Philosophical Occasions 1912-1951*. Indianapolis and Cambridge: Hackett, 1993: 118-155.（「フレーザー『金枝篇』について」杖下隆英（訳）『ウィトゲンシュタイン全集　第６巻』所収、大修館書店、一九七五年。）

BGM: *Bemerkungen über die Grundlagen der Mathematik*. G.E.M. Anscombe, R. Rhees, und G.H. von Wright (hersg.), Frankfurt am Main: Suhrkamp, 1984.（『数学の基礎』（『ウィトゲンシュタイン全集　第７巻』）中村秀吉・藤田晋吾（訳）、大修館書店、一九七六年。）

CL: *Ludwig Wittgenstein: Cambridge Letters*. B. McGuiness and G.H. von Wright (eds.), Oxford: Blackwell, 1995.

LE: "A lecture on ethics." In James Klagge and Alfred Nordmann (eds.), *Ludwig Wittgenstein: Philosophical Occasions 1912-1951*. Indianapolis and Cambridge: Hackett, 1993: 37-44.（「倫理学講話」杖下隆英（訳）『ウィトゲンシュタイン全集　第５巻』所収、大修館書店、一九七六年。）

LFM: *Wittgenstein's Lectures on the Foundations of Mathematics, Cambridge 1939*. C. Diamond (ed.), Chicago: The University of Chicago Press.（『ウィトゲンシュタインの講義　数学の基礎篇　ケンブリッジ　１９３９年』コーラ・ダイアモンド（編）、大谷弘・古田徹也（訳）、講談社、二〇一五年。）

LW1: *Last Writings on the Philosophy of Psychology, Vol. 1*. Oxford: Blackwell, 1982.（『ラスト・ライティングス』古田徹也

（訳）、講談社、二〇一六年。）

LW2: *Last Writings on the Philosophy of Psychology: The Inner and the Outer, Vol.2*. Oxford: Blackwell: 1992.（『ラスト・ライティングス』古田徹也（訳）、講談社、二〇一六年。）

OC: *On Certainty*. G.E.M. Anscombe and G.H. von Wright (eds.), Oxford: Blackwell, 1969.（『確実性の問題』（『ウィトゲンシュタイン全集　第９巻』所収）黒田亘（訳）、大修館書店、一九七五年。）

PI: *Philosophical Investigations*. Fourth edition. P.M.S. Hacker and J. Schulte (eds.), Oxford: Wiley-Blackwell, 2009.（『哲学探究』（『ウィトゲンシュタイン全集　第８巻』）藤本隆志（訳）、大修館書店、一九七六年。）

PPF: "Philosophy of psychology – A fragment." In L. Wittgenstein, P.M.S. Hacker and J. Schulte (eds.), *Philosophical Investigations*. Fourth edition. Oxford: Wiley-Blackwell, 2009: 182-243.（『哲学探究』（『ウィトゲンシュタイン全集　第８巻』）に「第二部」として収録。藤本隆志（訳）、大修館書店、一九七六年。）

RC: *Remarks on Colour*. G.E.M. Anscombe (ed.), Oxford: Blackwell, 1977.（『色彩について』中村昇・瀬嶋貞徳（訳）、新書館、一九九七年。）

RPP1: *Remarks on the Philosophy of Psychology, Vol.1*. G.E.M. Anscombe and G.H. von Wright (eds.), Oxford: Blackwell, 1980.（『心理学の哲学１』（『ウィトゲンシュタイン全集　補巻１』）佐藤徹郎（訳）、大修館書店、一九八五年。）

TLP: *Tractatus Logico-Philosophicus*. London: Routledge, 1922.（『論理哲学論考』野矢茂樹（訳）、岩波書店、二〇〇三年。）

UW: "Ursache und Wirkung: Intuitive Erfassen." In James Klagge and Alfred Nordmann (eds.), *Ludwig Wittgenstein: Philosophical Occasions 1912-1951*. Indianapolis and Cambridge: Hackett, 1993: 370-405.（「原因と結果――直観的把握」羽地亮（訳）『原因と結果：哲学』晃洋書房、二〇一〇年。）

両親へ
感謝をこめて

序章
ウィトゲンシュタインを読む

1　哲学とは何か

ルートウィヒ・ウィトゲンシュタイン。オーストリア、ウィーン生まれの二〇世紀を代表する哲学者である。この本で私はウィトゲンシュタインの哲学を紐解き、そのコアを取り出そうと思う。

ここでただちに、「哲学って何？」とか、「ウィトゲンシュタインってどういう人？」とかいう疑問を持つ人もいるだろう。そのような読者のために、この二つの疑問に答えることから始めよう。

まずは「哲学って何？」という疑問から。哲学とは大雑把に言うと、我々の**世界観**を点検する営みである。すなわち、哲学をするとは、自分たちの世界観を振り返ってチェックすることなのである。

「世界観」とは何だろうか。世界観とは我々が普段「当たり前のこととして受け入れていること」である。

我々は普段多くの「**当たり前**」に取り囲まれている。例えば、私が大学で授業をするときのことを考えてみよう。今日は哲学史の授業で、私はデカルトの哲学について話をする。デカルトは一七世紀のフランスの人で、日本で言うとだいたい江戸時代の初めころの哲学者だ、とか、「方法的懐疑」と呼ばれる我々の認識の根拠を徹底的に疑う議論を展開した、とか、そういう話である。私は教卓の上に置かれた講義ノートをときどき見ながら話し、また黒板にデカルトの論証を書く。学生たちは静かに私の話を聞いている。あるいは、聞いている振りをしてくれている。

さて、このような日常的な大学での講義において、我々は様々なことを「当たり前」のこととして受け入れている。私は教卓の上に講義ノートを置いたが、ここで「なぜそこに教卓があると思ったの?」と尋ねられれば、「だって、教卓が見えてたから」と答えるほかないだろう。このとき、私は「見えているものはその通りにある」ということを当たり前のこととして受け入れている。これは哲学用語を用いて表現すると「知覚の信頼性」を受け入れているということである。すなわち、見たり、触ったりといった知覚を情報源として信頼してよいということを我々は受け入れているのである。

もちろん、私は知覚を常に信頼しているわけではない。例えば、錯覚が疑われるようなケースや、遠くの方にあるものを見るときなどには、自分の見間違いかもしれないと考えることがある。通りの向こうに友人がいるように見えたので、横断歩道を渡って声をかけようとしたらまったくの別人だったというようなことは確かにある。

しかし、目の前に教卓が見えていて、なおかつ、手でそれを触っているときに、そこにその通りに教卓がない、などということは考えられない。私はそこに見えている通りに教卓があるということを当たり前のこととして、その上に講義ノートを置く。

また、講義で学生に向かって話をするとき、私は言葉を発する。あるいは、黒板に論証を書き出すとき、私はチョークで言葉を書く。このとき、私は「言葉が意味を持つこと」を当たり前のこととしている。言葉は物理的に見れば、単なる音声、空気の振動であり、またチョークの粉である。（あるいは、手話で話すのであれば、それは手の動きである。）しかし、私は単にノイズを立てたり、チョークの粉で黒板に模様を描いたりしているのではなく、「意味を持つ言葉」を発しているつもりでいる。言葉が単なる音声やチョークの粉や手の動きではなく意味を持つ、ということを我々は当たり前のこととして受け入れているのである。

あるいはまた、講義を受けている学生のことを考えてみよう。私は現在（二〇二〇年四月）女子大に勤務しているので、学生はみな女性である。彼女たちは私の話を静かに聞いている。あるいは、聞いている振りをしている。ふと窓の外を見ると、とても良い天気で幾何学的に整えられた美しい芝生が広がっている。休み時間にはキャンパスのあちこちで学生たちがにぎやかにおしゃべりをしているが、今は授業時間であり、人影はまばらである。

学生たちはなぜ授業中にはおしゃべりをしないのだろうか。もちろん、この問いに対して、ほとんどの学生は「授業が興味深く、惹きつけられているからだ」と答えてくれるはずである。実際、私の講義であるかどうかは別にして、デカルト哲学はとても興味深い。だが、学生の中には飽きてしまって、隣の席の友達とおしゃべりでもしたいと思っている人もいるだろう。しかし、そのような学生もおしゃべりしたりせず、私の話を聞いている振りをしている。

これは学生たちが「授業中に私語をして他の人に迷惑をかけるのは悪いことだ」ということを当たり前のこととして受け入れているからであろう。たとえ退屈していても、授業中に私語をするのは悪いことだと考えているから、彼女たちは静かにしている。ちょっと大げさに言うと、そのような「道徳的善悪の区別」を我々は当たり前として受け入れている。

もちろん、道徳に関しても判断が難しいケースはある。「脳死臓器移植は道徳的に善いことなのか」とか「アファーマティブ・アクション（積極的差別是正措置）は正義にかなっているのか」とか問われたら、確信をもって答えられないという人も多いだろう。だが、「授業中に私語をするのは悪いことだ」「電車の中でお年寄りに席を譲るのは善いことだ」といった道徳的善悪の区別であれば、それは「当たり前」のことであり、この区別ができない人は社会生活を営むのに困難を覚えるだろう。

このように、我々は様々なことを当たり前のこととして受け入れている。そのような「当たり前」には、色々なレベルがある。知覚の信頼性のような、普通はまったく話題にならないようなことから、「電車の中でお年寄りに席を譲るのは善いことだ」のような、場合によっては誰もが口にしそうなこと。そして、「家事は女性の仕事だ」のような偏見まで、哲学は様々なレベルの「当たり前」を問題とすることができる。

ここで一点注意しておくと、何かを「当たり前のこととして受け入れる」とき、そのことについて意識的に考える必要はない。教卓の上にノートを置くとき、私は「目の前に教卓のようなものが見えている」「見えているものは、その通りにある」「従って、ここに教卓がある」「ということは、ここにノートを置くことができる」と意識的に考えて行為するわけではない。私は教室に入ってきて、「何気なく」教卓の上にノートを置く。

何かを「当たり前のこととして受け入れる」とは、我々の行為を支えるものとして理解できるということである。私が教卓を見てその上にノートを置くのは、私が知覚の信頼性を受け入れているからである。あるいは、私が「デカルト」という音声を発するのは、「デカルト」という言葉が単なるノイズではなく、一七世紀に生きた哲学者のデカルトのことを意味しているということを受け入れているからである。そして、学生が退屈しているにもかかわらず私語をしないのは、「授業中に私語をするのは悪いことだ」という道徳的規範を受け入れているからだ。このように理解できるのである。これらの事柄は、意識的に頭の中で展開されるとは限らないけれども、我々の様々な行為を支えるものという意味で我々の世界観を構成する「当たり前」なのである。

2 論証とは何か

哲学とは世界観の点検である。だが、その点検方法はどのようなものだろうか。何をすれば哲学的に世界観を点検したことになるのだろうか。それは「論証」である。哲学者は論証により当たり前をチェックするのだ。では、論証とは何だろうか。

論証とは、大雑把に言うと、理由を吟味すること、である。すなわち、我々が当たり前のこととして受け入れていることを単に「当たり前だ」と言ってすますのではなく、その理由を徹底的に吟味し、問い直すこと。これが哲学の方法である。

従って、この本で扱うアカデミックな意味での「哲学」は、よくある「人生哲学」のようなものとは違う。「人生哲学」だと、成功した経営者のような人が、気持ちよく自分の成功について語るだけだったりするわけだが、学問としての哲学はそういうものではなく、自分の主張であっても、その理由を吟味することが要求される。

（私は学生のとき、池袋のファーストフード店で隣の席に座ったおじさんに「人生哲学」を語られたことがある。会社の社長だというその人は、「若いころは懸命に働いて稼ぐべきだ」「門を構えるくらいでないと、子どもに嫁をもらうのに恥ずかしい」「親には感謝しなければならない」といった「哲学」を見ず知らずの私に語り続けた。どれもその「理由」を吟味すれば突っ込みどころ満載という感じだったし、正直なところ私ではなく自分の子どもに聞いてもらえばいいのにと思ったが、礼儀正しい若者として私は適度に相づちを打ったのであった。）

さて、哲学の方法は論証、理由の吟味、である。だが、——ここが重要なポイントなのだが——「理由の吟味」といっても色々なやり方がある。典型的には、哲学者たちは一般的な**理論的説明**を与えるというやり方を採る。すなわち、「なぜ知覚を信頼してよいのか」「言葉が意味を持つとはどういうことか」「道徳的善悪はどのように区別されるのか」といったことを、抽象的な言葉で体系的に説明しようとするのである。例えば、先ほどから名前の出ているデカルトは「私は考える、従って、私は存在する」という一つの確実な真理に、知覚の信頼性などの我々のあらゆる認識を根拠づけることができると論じた。あるいはまた、功利主義と呼ばれる道徳についての哲学的理論によると、道徳的善悪の区別は「最大多数の最大幸福を実現すべし」という原理により理論的に説明される。つまり、その社会のメンバーの幸福を足し合わせたとき、その量が最大になる行為や制度が道徳的に善いのだとされる。そして、そこから例えば「電車の中でお年寄りに席を譲るのは善いことだ」と言えるのは、席を譲った人の苦痛と譲られた人の幸福を足し引きすれば、席を譲るという行為は幸福の最大化をもたらすからだと説明されるのである。

これに対して、この本で扱うウィトゲンシュタインのやり方は、そのような典型的ないわば主流の哲学のやり方とは違う。ウィトゲンシュタインは安易な一般化はむしろ有害であると考え、理論的な説明を拒否する。理論的説明とはどのようなものであり、それがウィトゲンシュタインのやり方とどのように違うのか、という点については本論で更に詳しく検討するとして（第2章第4節）、次にウィトゲンシュタインの哲学のやり方について簡単に見ておこう。

3　自己の世界観を明確にする

ウィトゲンシュタインの論証とはどのようなものだろうか。それは「**明確化**」である。すなわち、ウィトゲンシュタインは我々が何を当たり前としているのかを明確にすることを通して、その理由の吟味を行うのである。ウィトゲンシュタイン自身の議論を本格的に検討するのは次章以降にするとして、ここでは「ウィトゲンシュタイン的」な明確化の例を単純なケースで見ておこう。

いま哲学者の太郎がテレビを観ているとする。ワイドショーの芸能ニュースで女性アイドルが青年実業家と結婚したというニュースが流れる。太郎は何気なく、「美人は得だね。うらやましいよ」とつぶやく。すると、それを聞いていた花子が「どういう点で得だと思っているの？　お金持ちと結婚することが人生で本当に価値のあることだと思っているの？」と問い詰め、太郎は「ごめんごめん、撤回するよ。深く考えてなかったんだ」と先の発言を撤回する。

初めに「美人は得だ」と言ったとき、太郎は「得」ということの中身について特に明確に考えていなかった。太郎はほとんど常識的なこと、世間でよく言われる当たり前のこと、として「美人は得だ」と何気なく口にしたのである。だが、「得」という言葉に対しては複数の解釈を考えることができる。すなわち、「美人は得だ」という文に対しては、「男性の人気を集めることができる点で得だ」とか、「何を着ても似合うから美人は得だ」とかいった様々な解釈の可能性がある。「美人は得だ」と言ったとき、太郎は特定の解釈を念頭に置かず、明確な考えを持たないまま不用意にその言葉を口にしていたのである。

ところが、太郎に対して花子がその不用意に口にされた言葉の解釈を問い詰め、自分の考えを明確にするように迫ったとき、太郎は自分が本当に納得のいく解釈を「美人は得だ」という言葉に対して見つけることができなかったのである。というのも、「よく生きること」を探求する哲学者として太郎は、「女性にとってよい人生とは資産のある男性と結婚することであり、美人であることはそのための手段となるので得だ」というような考えを受け入れることなどできなかったからである。

もう一つウィトゲンシュタイン的な明確化の例を出そう。今度は私自身の現実の話である。私は前任校に勤務していた際、次男の誕生に伴って育児休暇（育休）を取った。男性は産休を取れないので、出産前の二週間ほどは有給休暇を取り、出産後の四〇日ほど育休を取った。その間、仕事のメールには返事をしないと宣言し、講義も代講の先生を非常勤講師として採用してもらうなどして、徹底的に大学の仕事を休んだのである。（一件だけ業務関係のメールが来たが、「休暇中なのでメールには返事をしないことになっています」という返事をした。）

この育休について事前に大学内の様々な部署の人と調整をしていたときのことである。ある年配の偉い先生とのメールのやり取りで「教師は親と同じであり、休むことなどできない」と言われたのである。

急いで言っておきたいのだが、ここで私はその先生にハラスメントを受けたと告発したいのではない。私はその先生にはずっと大変お世話になってきており、今でも感謝の念を持ち続けている。実際、そのときも、その先生はもし育児が大変なら業務の負担を減らせるように周りの人と調整して、休まないですむ方法を考えてはどうか、ということも言ってくださったのである。私とその先生との間には信頼関係が成立しているので、単に育休に反対されたというだけでハラスメントと捉える必要はないと思う。

この話のポイントは、むしろ、「教師は親と同じであり、休むことなどできない」というその先生の言葉は、ウィトゲンシュタイン的な明確化を必要としているという点にある。実際、私はその言葉を読んだとき、まさにここに哲学的な明確化を必要とする知的混乱が生じていると思ったのである。

「教師は親と同じであり、休むことなどできない」と言うとき、その先生は次のような推論をしていたと考えられる。

①教師は親と同様である。
②親は休めない。
∴③教師は休めない。

∴④教師は育休を取るべきではない。


この推論の問題は、①と②の考えがこのままではかなり不明瞭だということにある。①の「教師は親と同様である」という考えを取り上げてみよう。親と教師があらゆる点で同様だ、同じだ、と考える人はいないだろう。例えば、典型的な親は子どもの教育費を負担するが、普通、教師が学生の授業料を払うということはない。どのような点で親と教師が同様なのかということを明確にしなければ、「教師は親と同様である」という考えの中身は不明瞭なものにとどまるだろう。

また、②の「親は休めない」という考えもその内容は不明瞭である。子どもが小学校に行っている間にカフェで一息いれる親は「休んでいる」ことになるのだろうか。どういう意味で「親は休めない」と言われているのかが明確にならなければ、①と②の前提から、「③教師は休めない」を経由して、「④教師は育休を取るべきではない」という結論にたどり着けるのかは明らかではない。

従って、まず必要なのは「①教師は親と同様である」と「②親は休めない」という二つの前提の内容を明確にすることである。「②親は休めない」という考えの方から検討していこう。この考えを「親には子どもの世話をする用意が常に必要とされる」という意味で理解するとしたら、どうだろうか。特に小さな子どもを育てていると、子どもの世話をする責任は潜在的には無際限であり、常にその準備を迫られる。カフェでコーヒーを飲んでいても、子どもが熱を出したので迎えに来るようにと小学校から呼び出される可能性は常にある。あるいは、私にも経験があるが、真夜中に子どもが嘔吐し始めたので、その処理をしなければならないなんてこともある。この意味では確かに「親は休めない」と言えそうである(cf. Kittay 1999)。

もちろん、ここに問題がないわけではない。様々な状況により精神的に追い込まれているときなどには、周囲の人や社会のサポートにより親としての責務から解放されるということもあってよいかもしれない。だが、この点はいまは深く追求せず、この「親には子どもの世話をする用意が常に必要とされる」という意味で「②親は休めない」という考えを認めるとしよう。

問題は、この場合には「①教師は親と同様である」という考えにはほとんど説得力がない、ということである。というのも、このとき「①教師は親と同様である」というのは、要するに「親が子どものお世話係であるのと同様に教師も学生のお世話係だ」という意味で理解されることになるからである。だが、このように理解された場合、「教師は親とは違う」と考えねばならないだろう。大学において教師は学生のお世話係ではなく、先行してはいるものの、対等な大人同士として学問を追求する仲間であるべきなのである。

このように「小さい子どもとそれを世話する親」というモデルで親子関係を捉えて問題の推論を明確化した場合には、「①教師は親と同様である」という考えを受け入れる理由はなく、「③教師は休めない」という帰結は出てこない。従って、「④教師は育休を取るべきではない」という結論にはたどり着けない。では、親子関係の別な側面に注目し、「②親は休めない」という前提を明確化したらどうだろうか。

そこで「親と子の関係は途切れない」という意味で「②親は休めない」という考えを理解してみよう。例えばカフェでコーヒーを買うとき、私はお金を払うことで「お客」となり、店員さんは私にコーヒーを提供してくれる。この関係は私がお金を払い、店員さんが就業中である限りで成立する。休憩中や、あるいはシフトに入っていない休日に私がコーヒーを頼んでも、店員さんは「いま休みなので」と言って断ることができる。客と店員という関係は、限定的であり、途切れることなく成立するようなものではない。

これに対して、親子関係はそういうものではない。子どもが自立して、お正月とお盆くらいしか顔を合わせなくなったとしても、親は親であり、子どもは子どもである。このような意味で、「②親は休めない」という考えを理解するとしたらどうだろうか。

この場合の問題は「①教師は親と同様である」と「②親は休めない」という二つの前提から「③教師は休めない」という帰結は出てくるとしても、そこから「④教師は育休を取るべきではない」という結論にはたどり着けないということにある。親子関係は途切れないという意味で「②親は休めない」という前提を理解したならば、そこから出てくる「③教師は休めない」という帰結は、教師と学生という関係、大げさに言うならば師弟関係、は途切れない、という意味で理解されねばならない。だが、そういう意味であれば、教師が休暇を取るかどうかは師弟関係が継続しているかどうかとは無関係になる。私が業務をしているかどうかは、師弟関係が成立しているかどうかとは関係ない。実際、育休に限らず、日曜日に休んだとしても、あるいは、学生が卒業したり、教師が退職したりしたとしても、先生は先生だという意味では、師弟関係は継続していると言うことができるであろう。従って、途切れることなく続く親子関係というモデルで教師と学生の関係を捉えたならば、「④教師は育休を取るべきではない」という結論を受け入れる理由はないのである。

このように「①教師は親と同様である」や「②親は休めない」といった不明瞭な考えを不明瞭なままにしておかず、明確化し、そこからどのような結論を引き出すことができるかを吟味するならば、「④教師は育休を取るべきではない」という結論は出てこないのである。

以上の二つのケース——太郎と花子の会話と育休についてのやり取り——は、どのような特徴を持っているだろうか。どちらのケースにおいても、不明瞭な考えが表明される。そして、その不明瞭な考えを明確にしないまま、それがその人のコミットメントとして受け入れられてしまっている。

ここで言う「**コミットメント**」とは、その人の感情や行為のガイドとなるような考えのことである。太郎と花子の会話のケースでは、太郎は「美人は得だ」という不明瞭な考えを何気なく自身のコミットメントとして受け入れることで、女性アイドルに対して「うらやましい」という感情を持ってしまっている。育休のケースでは、私がメールのやり取りをしたその先生は、「教師は親と同様である」や「親は休めない」という不明瞭な考えを自身のコミットメントとして引き受けることで「教師は育休を取るべきではない」という非常に強い結論を引き出してしまっている。

そして、ウィトゲンシュタイン的な明確化が必要となるのは、まさにこのような場面である。我々は不明瞭な考えを不明瞭なままに自身のコミットメントとして引き受け、そこから知らず知らずのうちにある種の感情を持つに至ったり、何らかの結論を引き出したりするということがある。ところが、そのような感情や結論は、問題の不明瞭な考えを明確化していれば、受け入れる理由のないものだったのである。ウィトゲンシュタイン的な意味での明確化は、このように不明瞭な考えを立ち止まって明確にすることで、それが自身のコミットメントに値するかどうか、そして、値するとしたらどのような意味でそうなのか、ということを吟味し、そのような（ときに有害な）帰結を引き出さないようにさせるためのものなのである。

4　なぜウィトゲンシュタインを読むのか

さて、ここまで哲学とは世界観の点検であり、とりわけ、ウィトゲンシュタイン哲学は我々の世界観を明確化することを通して、それが自身のコミットメントに値するものかどうかを吟味するものだ、と説明してきた。ここで、「でも、なぜそんなことをする必要があるの？」と疑問に思う人がいるかもしれない。そんなややこしいことをするよりも、英語の勉強かプログラミングの勉強でもした方が、よっぽど役に立つのではないだろうか。なぜわざわざ自分の世界観を点検しなければならないのだろうか。

この疑問に対しては、二つの側面から答えることができる。一つ目の答えは、「哲学はとにかくおもしろいから」というものである。自分が当たり前だと思っていたことが、哲学をすることで謎めいてくる。そして、それについて更に考え続けていると、あるとき「あぁ、こう考えればいいんだ」と筋を通して考えられるようになる瞬間が訪れる。このプロセスは本当におもしろく、そこから得られる知的興奮は何ものにも代えがたい。私自身、本格的に哲学を研究するようになって二〇年近くたつが、いまだに楽しくて仕方がない。スターバックスで哲学の論文を読みながら、秘かにテンションが上がっていることもある。

繰り返しておこう。哲学はおもしろい。とりわけウィトゲンシュタインの哲学はおもしろい。この本でもウィトゲンシュタインの哲学を通して、読者の皆さんにぜひとも哲学のおもしろさを味わって欲しいと思っている。

哲学をする第二の理由は、それが「**よく生きる**」ことにつながるから、である。これは古代ギリシア以来の哲学の理想であり、有名なプラトンは『クリトン』という対話篇の中で、登場人物のソクラテスに「いちばん大事にしなければならないのは生きることではなく、よく生きることだ（プラトン 1998, p.137）」と言わせている。

ここでの「よく生きる」は、必ずしも道徳的に「善い」という意味での「よく生きる」と考えなくともよい。それはまずは「充実した生」「まともな生」「すばらしい生」といったような意味で大雑把に捉えたらよいだろう。

哲学は我々の世界観を点検することで、この「よく生きる」ことに貢献する。例えば、しつこいかもしれないが、先に見た育休のケースを考えてみよう。（繰り返しておくと、私がこのケースを取り上げるのは、何か恨みに思っているからではなく、ウィトゲンシュタイン的な哲学的明確化を必要とする知的混乱のわかりやすい例だからである。念のため。）そこでは初めに「教師は親と同様である」「親は休めない」という考えが不明瞭なまま提示されていた。この時点で「教師はただお金をもらって勉強を教えているだけで、親とは全然違う」と言う人もいるだろう。だが、私はそこまでドライではなく、「教師は親と同様である」と言える側面があることを否定はしない。私はこの点についてちょっと古風なところがあるのだ。従って、私は「教師は親と同様である」という考えを「当たり前」として受け入れることにやぶさかではない。だが、ここで哲学的反省を行わないまま、その不明瞭な考えを不明瞭なままにしていたら、私は育休に反対する先生の考えに一定の説得力を感じてしまっていたかもしれない。

あるいは、花子と太郎の会話を考えてみよう。太郎の「美人は得だ」という不明瞭な言葉をそのままにしていたとしても、ただちに重大な帰結は生じないかもしれない。だが、もし太郎がおりにふれてこのような言葉を口にするとしたら、太郎の娘はいわれのないコンプレックスに悩むことになるかもしれない。（親の心ない言葉が、一種の呪詛となって子どもを傷つけることがあるという点については、田房永子の諸著作を読むことをお勧めする。（田房 2012, 2014））。

当たり前のことを当たり前にしておくことで、我々は哲学的吟味をしていれば受け入れなかったであろう帰結を受け入れてしまうことがある。そして、それを通して我々は不当に他者を傷つけ、その人の持つ可能性を制約してしまうかもしれない。あるいはまた、不当に自分自身を傷つけ、自分自身の可能性を狭めてしまうかもしれない。確かに哲学が問題とする「当たり前」はただちに重大な帰結をもたらすとは限らない。しかし、長いスパンで見ると、そのような当たり前も我々の感情や行為をゆがめ、問題をもたらしうるのである。そして、それでは「よく生きる」ことは難しくなる。

哲学的吟味はよき生への手がかりを与える。プラトンの描くソクラテスは『ソクラテスの弁明』

で、「吟味を欠いた生というものは人間にとって生きるに値しない（プラトン 1998, p.74）」とまで言う。しかし、これは言いすぎであろう。ソクラテスの言葉をそのまま受け取るならば、例えば、哲学的吟味を実行不可能な重度の知的障害者の人生は生きるに値しない、ということになってしまう。哲学的吟味が「よき生」をもたらすと考えることと、哲学的吟味をともなう生のみが「よき生」であると考えることは同じではない。我々は「よき生」についてソクラテスよりも多様なあり方を認めるべきであろう。そして、そのことを認めたうえでなら、哲学的吟味は有害な知的混乱を解消し、「よく生きる」ことにつながるという意味で大きな意義を持つ活動だと言うことができる。

もちろん、様々な哲学の中にも「よく生きる」ことに我々をうまくガイドしてくれるものと、そうでないものがある。当然のことだが、失敗している哲学者もいるのである。そして、ここに哲学の中でもとりわけウィトゲンシュタイン哲学が特別になる理由がある。

先にも述べたようにウィトゲンシュタインは一般的、理論的に説明するという主流の哲学のやり方を拒否する。ウィトゲンシュタインによると、そのようなやり方はむしろ我々が現実をきちんと把握することの妨げとなる。他方、ウィトゲンシュタインの明確化とは、哲学の内外の両方において我々を現実から逸らさせるもの――それは哲学的反省以前の「当たり前」かもしれないし、哲学的な理論的説明かもしれない――を振り払い、自分自身のリアルな人生を生きることを可能とするものなのである。

ウィトゲンシュタイン自身は自分の哲学を病気の治療に喩えている（PI 255）。ウィトゲンシュタインの哲学は、知的な混乱、知的な病いを治療し、解消することで、我々が「よき生」を取り戻すことを助けてくれるのである。

私の考えでは、充実した生を生きたい、よく生きたい、と切実に願ったときに、もっともよく答えてくれる哲学はウィトゲンシュタインの哲学である。人生が要求する切実さに答える哲学であること。これがウィトゲンシュタイン哲学を読む理由である。

というわけで、この本の目的は、ウィトゲンシュタインの哲学的明確化を検討していくことを通して、ウィトゲンシュタイン哲学がもたらす「よく生きること」とはどのようなものかを明らかにすること、となる。ウィトゲンシュタイン哲学によってもたらされる「よき生」とはどのようなものだろうか。これがこの本をガイドする問いである。

5　前期ウィトゲンシュタイン

次に「ウィトゲンシュタインってどういう人?」という疑問に答えておこう。ウィトゲンシュタインはとても変わった人で、周囲の人々の証言によって、その強烈な個性をうかがい知ることができる。私の好きなエピソードは、ウィトゲンシュタインが自身の学生であった哲学者のノーマン・マルコムとその妻との三人で散歩をしていたとき、三人で太陽、地球、月となってその運行を表現しようとしたというものである。マルコムの妻が太陽で、マルコムが地球となり、妻の周りを駆け足で回る。そして、ウィトゲンシュタインは月となって、そのマルコムの周りを息がきれるまで走ったというのである（Malcolm 1984, pp.44-45／邦訳 pp.64-65）。

しかし、ここではそのようなウィトゲンシュタインの人物像ではなく、その経歴をごく簡単に紹介しておこう（cf. Monk 1990）。ルートウィヒ・ウィトゲンシュタインは、一八八九年にオーストリアのウィーンに生まれた。父は鉄鋼業で財を成したウィーン有数の資産家で、その家にはブラームスやマーラーが出入りしていたということである。ウィトゲンシュタイン自身は実業家ではなく技術者を志し、ベルリンの工科大学で学んだ後、イギリスに渡りマンチェスターでプロペラの設計の研究をする。しかし、そこから次第に数学、そして数学の基礎にある哲学的問題へと関心を移すようになる。一九一二年、二三歳のときにケンブリッジ大学に入学し、バートランド・ラッセルのもとで学び始める。「ラッセル・アインシュタイン宣言」で有名なあのラッセルである。ラッセルは当時『プリンキピア・マテマティカ』という数理論理学の古典的大著を哲学者のノース・ホワイトヘッドと共著で出版するなど、論理学、数学基礎論、そして哲学の研究をリードする最先端の哲学者であった。

ラッセルのもとで論理学やその哲学を吸収したウィトゲンシュタインは、その成果を取り入れた哲学書の執筆に取り掛かる。そのさなか、第一次世界大戦が勃発し、ウィトゲンシュタインはオーストリア軍に志願兵として従軍する。戦争のただなかでウィトゲンシュタインは執筆を続け、最終的にイタリアの捕虜収容所で『**論理哲学論考**』（以下『論考』）を書き上げる。このとき、二九歳である。

『論考』を中心とするこの時期のウィトゲンシュタインの哲学は一般的に「**前期ウィトゲンシュタイン哲学**」と呼ばれている。ここではごく簡単に『論考』の内容を紹介しておこう。

前期哲学のモチーフは、論理学を用いることで、言葉の働きを適切に見て取り、言語の論理の誤解からくる哲学的問題を解消する、というものである（TLP Vorwort）。『論考』のウィトゲンシュタインによると、哲学者たちが口にする言葉は、言葉の働き方を誤解しているがゆえのナンセンス、無意味である。すなわち、古代ギリシア以来、多くの哲学者たちが提示してきた哲学は、問題もそれへの回答もすべてナンセンスだというのである。

ここでの「ナンセンス」とは、「くだらない」とか「馬鹿げている」とかいう意味ではなく、文字通り「意味を欠く」「無意味」ということである。すなわち、哲学者たちが口にする言葉は、「間違い」なのではなく、「アブラカタブラ」のように意味を持たないただのノイズだというのである。

ウィトゲンシュタインに言わせると、哲学者たちは言葉がどのようにして意味を持つのかということに注意を払わないがゆえに、自分がナンセンスを口にしていることに気がつかない。そこで『論考』の課題は言葉の働きを明確に見て取れる言語を用意することで、哲学者たちにその言葉がナンセンスだと気づかせる、というものとなる（TLP 3.324-3.325）。すなわち、言葉の意味が一目で見て取れる言語を作成し、そこに哲学者の言葉をどうやっても翻訳できないと示す。そしてそれを通して、その言葉が意味を持たないノイズでしかなかったということを明らかにする。これが『論考』のウィトゲンシュタインの目的である。そして、そのために『論考』が用いたのが、フレーゲやラッセルといった当時、最先端の哲学者、論理学者たちが開発していた数理論理学の記号言語なのである。

このように『論考』は数理論理学を用いた言語の分析により、哲学的問題をナンセンスとして解消するという革新的なモチーフを打ち出した書である。そして、その核には「これまでの哲学者たちは、言語の働き方を理解していなかった」という考えがある。では、『論考』は「言語の働き方」をどのようなものとして説明するのだろうか。

『論考』の言語論は「**写像理論**」と呼ばれるが、それによると言葉は世界のあり方――「事態」と呼ばれる――を写し取ることをその本質としている。そして、この写像（写し取る）という関係は、語が現実の対象を名指すという関係により支えられているとされる。例えば、「東京タワーは赤い」という文において、「東京タワー」という名前は現実の東京タワー――港区にあるあのタワー――を名指している。そして、「○○は赤い」という述語の方は、赤さという性質、つまり物のあり方、を名指している。従って、「東京タワーは赤い」という文は全体として東京タワーという対象が赤いというあり方をしているという「事態」を表す、すなわち、写し取っている、とされる。そして、この現実世界で実際にそのような事態が成立していれば、その文は正しい、すなわち真理を表すのに対し、そうでなければ間違い、つまり「偽」だということになる。

専門的に言うと、『論考』の写像理論がどういう意味で「理論」なのか、とか、『論考』における「名前」とはどういうものなのか、とか、色々と論争があるのだが（cf. 荒畑 2016, 吉田 2016）、ここではとりあえず『論考』の言語観は、「名前が対象を名指すことで、文が世界のあり方（事態）を表す」ということに言語の働きの本質を見るのだということを押さえておけばよいだろう。

『論考』は「語りえぬものについては沈黙せねばならない（TLP 7）」という有名な言葉で閉じられている。「語りうるもの」とは事態である。そして、事態を超越した何か——例えば絶対的な価値——について語ろうとしても、その試みはナンセンスに行き着かざるをえない。そのことを哲学者たちに気づかせることが『論考』の目的なのである。

6　後期ウィトゲンシュタイン

さて、『論考』を書き上げたウィトゲンシュタインは、それにより哲学の問題をすべて最終的に解決したと宣言する（TLP Vorwort）。ウィトゲンシュタインによると、『論考』の提示する手引きに従って言語を作成し、言語の働きを適切に見て取ることができたなら、すべての哲学はナンセンスだということが示されることになる。それにより、古代ギリシア以来様々に論じられてきた哲学的問題は意味を欠くナンセンスとして解消され、哲学の歴史にピリオドが打たれる。こうウィトゲンシュタインは考えたのである。

　そして、ウィトゲンシュタインは誠実にも、自分は哲学の世界でやるべきことはもはやないと考え、哲学を引退し、オーストリアの田舎の村で小学校の教師として働き始める。本人は熱心に勤めていたのだが、保護者や村の人たちとうまくいかなかったりしたようで、数年で辞めてしまう。当時、ラッセルへの手紙で「ここでは他のどこよりもはるかに人々は役立たずで無責任です（CL p.168）」とウィトゲンシュタインは書いている。また、かなり厳しい体罰をしていたという話もある。

　その後、ウィトゲンシュタインはウィーンに戻り、修道院の庭師をしたり、姉が家を建てるというのでその設計に熱中したりしている。まあ、要するにブラブラしていたのである。本人は父親から受け継いだ莫大な遺産をすべて芸術家の支援に寄付してしまっていたのだが、母親や姉などの裕福な親族に頼ることができたので、問題なく暮らしていたようである。

　ところが、ウィトゲンシュタインがブラブラしている間に、『論考』は哲学の世界で高く評価されるようになり、著者であるウィトゲンシュタイン自身と接触しようとする哲学者が出てくる。なかでも、ケンブリッジ大学におけるウィトゲンシュタインの後輩である若き天才哲学者フランク・ラムジー（一九〇三―一九三〇）や、当時ウィーンを中心に活動していた論理実証主義と呼ばれる哲学運動のメンバーたちがウィトゲンシュタインと接触し、ウィトゲンシュタインは彼らとの会話の中で徐々に哲学への関心を取り戻し始める。

　そして、最終的なきっかけが何であったのかはよくわからないのだが、ウィトゲンシュタインは哲学の世界にやるべきことがあると考えるようになり、ケンブリッジ大学に復帰する。一九二九年、ウィトゲンシュタインが四〇歳になる年である。およそ十年の沈黙を経ての復帰であった。一九三〇年にはケンブリッジ大学のフェローとなり、一九三九年には教授となるが、一九四七年に退職し、一九五一年にケンブリッジで死去する。六二歳。最後の言葉は「私はすばらしい人生を送ったと彼らに伝えてください」というものであった（Malcolm 1984, p.81／邦訳 p.155）。

一九二九年にケンブリッジ大学に復帰した直後、ウィトゲンシュタインは前期の哲学を修正することから哲学を開始するが、一九三〇年代中ごろには前期哲学を少し修正するだけでは不十分だと考えるようになり、前期哲学を否定するような新しい哲学を開始することとなる。復帰直後の数年間の哲学は「中期ウィトゲンシュタイン哲学」と呼ばれ、一九三〇年代中ごろ以降の哲学は「**後期ウィトゲンシュタイン哲学**」と呼ばれている。

この本で扱うのは、この後期ウィトゲンシュタイン哲学である。私の考えではこの時期のウィトゲンシュタイン哲学がもっとも成熟しており、重要な洞察に満ちている。

後期哲学の主著は『**哲学探究**』（以下『探究』）であり、二部構成になっている。この本はウィトゲンシュタインの死後、一九五三年に初版が出版されている。ただ、ウィトゲンシュタイン自身も序文を用意しているなど、少なくともその第一部に関しては正式な著作と考えて差し支えない。他に後期哲学を知るための資料としては、ウィトゲンシュタインが残した膨大な遺稿や学生による講義の記録などがある。この本では、これらの資料も適宜参照しつつ、『探究』第一部の有名な箇所を紹介、検討し、成熟したウィトゲンシュタイン哲学のエッセンスを示すこととしよう。

7　よく生きることを目指して

先にも述べたようにこの本をガイドする問いは、「ウィトゲンシュタイン哲学によってもたらされるよき生とはどのようなものか」というものである。この問いに導かれつつ、次章以降ではウィトゲンシュタインの様々な議論を紹介、検討する。その際、私が想定している読者は、ウィトゲンシュタインやあるいは哲学について予備知識を持たない人である。このため、私はウィトゲンシュタインの議論をなるべく丁寧にわかりやすく説明するように試みた。

他方で、私は専門的な研究成果もこの本に盛り込んだ。専門的な読みに支えられたウィトゲンシュタイン像を描くことを目指したのである。（そうしないとしたら、専門的に研究する意味などあるだろうか。）予備知識を要求せずわかりやすく説明することと、専門的な研究成果を盛り込むこと、という二つの要素は、正反対の方向へ私を引っ張るところがあるが、何とかバランスを取るように努力したつもりである。それでも難しいと感じる読者には、各章末に「要点のおさらい」を用意したので、そこでそれぞれの章の内容を確認していただければと思う。なお、専門的過ぎる内容は注で示してある。

というわけで、「難しそうだ」と心配することなく、ぜひここを入り口にウィトゲンシュタイン哲学の世界へと足を踏み入れていただきたい。「よく生きる」ことへの手がかりが見つかるだろう。

第1章
アウグスチヌス的言語像

1　言語使用の現場主義

いま太郎は紅茶を飲もうとしている。クッキーも用意し、午後のお茶の時間である。ティーポットからお湯を注ごうとしていると、冷蔵庫をのぞいていた花子が「冷蔵庫に牛乳が残ってるよ」と声をかける。太郎は「ありがとう。でも、ストレートでいいや」と答える。すると、花子は「そういう意味で言ってるんじゃないの。棚に牛乳がこぼれてるって言ってるの」とちょっとイラつきながら言う。花子は紅茶に入れる牛乳のことを言っていたのではなく、冷蔵庫の掃除が不十分で、牛乳のしずくが二、三滴残っているという事実を指摘していたのである。冷蔵庫の掃除は太郎の担当なのだ。[1]

さて、花子が「そういう意味で言ってるんじゃない」と言ったときの「意味」とは何のことであろうか。花子は日本語の文として「冷蔵庫に牛乳が残ってるよ」という文が何を意味しているかを問題にしているわけではない。そのようないわば言語的意味であれば、太郎は問題なく理解している。「冷蔵庫」「に」「牛乳」「が」「残っ」「て」「る」「よ」は、どれもなじみのある日本語の語彙であり、また、この文の文法にも特に難しいところはない。花子は聞いたこともない外国語の文や、太郎が理解できないような難解な語彙を含む文を口にしたわけではない。また、「冷蔵庫に牛乳が残ってるよ」という文には特に多義的なところはない。「前方にトラックが見える」という文の「トラック」が競技場の走路のことを意味しているのか、荷台付きの自動車のことを意味しているのかわからないというようなことがここで問題なわけではない。従って、花子が問題としているのは、言語的意味ではない。日本語を理解する人であれば、「冷蔵庫に牛乳が残ってるよ」という文を言語として理解できないということはないであろう。

ついでに言うならば、ここで問題となっている意味は、この文を口にすることによって、花子が暗に伝えている「含み（implicature）」のことでもない。比較のために次のような例を考えてみよう。朝、太郎が起きてきた花子に向って「雨が降りそうな雲行きだよ」と声をかける。花子は、太郎が洗濯物を取り込むように頼んでいるのだと思い、「ああ、洗濯物ね。いま取り込むよ」と答える。すると、太郎は「いや、そういうことじゃなくて、傘を持って行った方がいいよって伝えようと思っただけだよ。洗濯物はもう取り込んどいたから」と応じる。

この例では、「雨が降りそうな雲行きだよ」と言うことで、太郎は傘を持って行った方がいいと忠告しようとしたのだが、花子は洗濯物を取り込むように依頼されたと勘違いしたわけである。ここでは、太郎と花子は「雨が降りそうな雲行きだよ」という言明によって何が言われているかは理解

1　この例は Travis（1989）, pp.18-19 に基づく。

したうえで、その含みを取り違えている。これに対し、先のケースでは、「冷蔵庫に牛乳が残ってるよ」という言明によって言われていることについて太郎と花子は理解を共有したうえで、「太郎は冷蔵庫をもっと丁寧に掃除すべきだ」という非難のメッセージを太郎が受け取り損ねたというわけではない。そもそも、太郎はその文で紅茶のための牛乳ではなく、冷蔵庫の棚にこぼれている牛乳のしずくが問題となっているということを理解し損ねたのである。

従って、問題となっているのは、「冷蔵庫に牛乳が残ってるよ」という文を用いて「**言われていること**(what is said)」である。[2]これは、文の言語的意味のことでもなければ、その文を用いた言明によって暗に伝えられている「含み」でもなく、その言明の意味内容のことである。大雑把には、その文が口にされる——「発話」と呼ばれる——際に、その文が表す命題(proposition expressed)と言ってもよい。ポイントは、言語としては同じ文だとしても、その文を用いて特定の発話の場面で「言われていること」は異なりうるということである。目下の例に即して考えると、「冷蔵庫に牛乳が残ってるよ」という文を用いて「言われていること」は状況次第であり、紅茶に入れるための牛乳があるということでも、棚に牛乳がこぼれたままになっているということでもありうるのである。[3]

重要なのは、文の言語的意味の理解とその文を用いて言われていることの理解の間にはギャップが存在するということである。[4]花子と太郎の例が示すように、言語として「冷蔵庫に牛乳が残ってるよ」という文を理解したとしても、そのことは、特定のコミュニケーションの場面でその文を用いて言われていることの理解を保証するものではないのである。

そして、後期ウィトゲンシュタイン哲学を理解するための鍵は、ウィトゲンシュタインがこのギャップを重視していることを理解することにある。ウィトゲンシュタインは、このギャップに不注意であることが、哲学的問題を引き起こすと考えているのである。そこから、ウィトゲンシュタインは、言語使用の現場に徹底して注目する。つまり、言葉の言語的意味に引っ張られて、その言葉によって実際の言語使用の現場で「言われていること」が何なのかを不明瞭なままにとどめておくことによって、哲学的混乱が生じる。従って、実際の言語使用の現場で「言われていること」が何なのかに徹底して目を向けることが決定的に重要である。ウィトゲンシュタインはこう考える

2　ここでは第一義的に伝達される発話の意味内容を「言われていること」と呼ぶ点で、Recanati（1989）,（2001）に従っている（cf. Carston 2002）。しかし、「言われていること」が文の構文論的構造に制約されることを要求する立場もある（Bach 1994, 2001）。この立場に従うならば、以下の議論では「言われていること」を「第一義的に伝達される発話の意味内容」と読み替えるとよい。

3　問題の二つのケースにおいて、「冷蔵庫に牛乳が残ってるよ」という文を真とする状況は異なっている。すなわち、二つのケースにおいて、その文は異なる真理条件を持つ。従って、そこで「言われていること」も異なるのである。

4　ここで問題となっているのはギャップの存在であり、そのギャップを埋める人間の認知プロセスがどのようになっているのか、ということではない。従って Travis（1989）,（1997）,（2006）や Recanati（1989）,（2004）などの言語哲学における「状況依存的アプローチ（occasion-sensitivity approach）」をウィトゲンシュタインに帰しているわけではない。

なお、最小主義（minimalism）という立場によると、文の意味内容の状況依存性は、「私」「今」「ここ」といった純粋な指標詞にのみ関わるとされるが（Cappelen and Lepore 2005）、ここでの議論は、文の意味内容を「言われていること」と見なさない限り、最小主義とも両立する。

のである。このような言語使用の現場への徹底した着目をウィトゲンシュタインの言語使用に関する「**現場主義**」と呼ぶこともできるだろう。[5]『探究』において、ウィトゲンシュタインは「知識」「存在」「対象」「私」「命題」「名前」といった語の哲学者による使い方に言及しつつ、「我々は、それらの語をその形而上学的使用から日常的使用へと連れ戻す（PI 116）」と述べる。ウィトゲンシュタインは、哲学者が言語使用の現場から離れた言葉にミスリードされていると診断し、その治療として、実際にそれらの言葉を用いて「言われていること」を言語使用の現場で徹底して見極めるということを目指しているのである。

2　『ウィトゲンシュタインの講義　数学の基礎篇　ケンブリッジ1939年』

ウィトゲンシュタインの現場主義を確認するために、『ウィトゲンシュタインの講義　数学の基礎篇　ケンブリッジ1939年』（以下『講義』）を見てみよう。この本は、ウィトゲンシュタインが一九三九年にケンブリッジ大学で行った講義に関する四人の学生のノートをまとめたものである。序章でも述べたように、ウィトゲンシュタインは『論考』完成後、哲学の世界から離れるが、約十年の沈黙の後に、一九二九年にケンブリッジに復帰し、哲学を再開する。様々な試行錯誤を経て、一九三六年から『探究』の執筆を開始する。講義が行われた一九三九年とは、『探究』前半の一―一八八節をすでに書き終え、その続きとなる数学論を構想していた時期である。[6] ちょうど講義が行われていたさなかの二月にはケンブリッジ大学の教授に就任し、四月にはイギリス国籍を取得するなど、第二次大戦直前ということもあり、何かと落ち着かない時期でもあったようである。[7]

講義の出席者には、ノーマン・マルコム、ラッシュ・リーズ、スティーブン・トゥールミン、G・H・フォン・ウリクト、ジョン・ウィズダムなど、その後、有力になっていく哲学者たちに加えて、数学者のアラン・チューリングがいる。特にチューリングは、ウィトゲンシュタインに対し様々な形で反論を提起しており、ウィトゲンシュタインとチューリングの議論は講義のハイライトの一つである。

ウィトゲンシュタインは講義にノートを持たずに現れ、ときに学生に質問しつつ、話を進めた。[8] 学生がうまく答えられないときつい調子で批判したという。(うまく反論を説明できなかった学生に対して

---

5 中村(2009), pp.74-75, 78-88も「現場主義」という言葉でウィトゲンシュタインの哲学を特徴づけている。しかし、中村は、メタレベルから言語についての仮説的な考察をしない、という意味で「現場主義」という言葉を使っており、本書の用語法とは重ならない。

6 この数学論は『数学の基礎』(BGM)として、ウィトゲンシュタインの死後に出版されている。

7 この当時、ウィトゲンシュタインがナチス統治下のウィーンに住む家族を保護するために色々と苦労したいきさつはWaugh(2008)に描かれている。

8 ウィトゲンシュタインの講義のスタイルについては、日本語で読めるものとしてGasking and Jackson(1951), Macolm(1984)などの邦訳を参照のこと。

「このストーブと話してるのと変わらないじゃないか！」と言ったという話がある（Malcolm 1984, p.26／邦訳 p.17)）。また、ときに「ちょっと考えさせてくれ」と言い、数分間沈黙するということもあった。（私自身の経験から言うと、哲学の講義の途中でちょっと止まって考えたくなることはしばしばある。話をしている途中で、更に深く考えてみたくなるのである。ただ、私自身は数分間沈黙する勇気はなく、結局、講義の中では問題に深入りすることなく話を続けてしまうのだが。）ともあれ、ウィトゲンシュタインの講義は、まさにウィトゲンシュタイン哲学生成の場であり、そのユニークな「声」は、編集された講義ノートからも感じ取ることができる。

『探究』の執筆時期と重なっていることからも明らかなように、『講義』は明白に「後期」のウィトゲンシュタイン哲学に属する。講義の主題は、「数学の基礎」であり、数学的証明の役割り、実験と計算の違い、数学的実在の観念、矛盾といった数学の基礎に関わる話題が論じられている。しかし、数学の基礎に関する考察は、言語、規則、命題、そして、そもそも哲学とはどういう営みなのかということに関するより一般的な考察に結びつき、『探究』で論じられている論点が『講義』においても論じられている。出席者、特にチューリングとの議論が含まれる分、ウィトゲンシュタインは『探究』よりも丁寧に自身の考えを説明しており、『講義』は後期ウィトゲンシュタイン哲学への最良の入り口の一つである。

3　『講義』とウィトゲンシュタインの現場主義

さて、以上のように『講義』の位置づけを見たうえで、そこに見て取ることのできるウィトゲンシュタインの現場主義を確認していこう。全部で三一回の講義の初回の講義で、ウィトゲンシュタインは、自身が講義で行おうとしていることを説明する。現代の大学教員がやるように、ウィトゲンシュタインもまた、初回の講義で講義を行う上での自身の目的を説明するのである。そこでウィトゲンシュタインは「我々のありふれた日常言語の言葉から生じてくる謎のみを扱う（LFM p.14／邦訳 p.18）」と言う。すなわち、普通の日常の言葉から生じてくる哲学的問題をウィトゲンシュタインはターゲットとしているというのである。どういうことであろうか。

ウィトゲンシュタインは自身の意図を説明するために、言語使用の現場主義に関わる例をいくつも出す。ここでは、二つの例を取り上げてみよう。一つは「ついに私は暗闇の中で人々がどのように見えているかを見る方法を発見した（I have at last discovered how to see what people look like in the dark.）」と言う物理学者のケースである（LFM p.17／邦訳 p.23）。ウィトゲンシュタインはこの場合、まだこの言葉に我々は驚いてはならないとする。その物理学者が赤外線写真のことを言っており、そのことを説明するならば、我々はそれが驚くべき発見だと考える権利もあるかもしれない。しかし、そのような説明がないときには、我々は物理学者に「暗闇の中で人々がどのように見えているか」という言葉の使用を明確にするように要求しなければならないのである。

もう一つは、「ケンブリッジのすべての家に電話を供給した」という文の使用をめぐるものである（LFM pp.18-19／邦訳 pp.24-26）。ここでの「ケンブリッジ」は大学ではなく、ケンブリッジの町のことである。当時は、電話のある家もあれば、ない家もあるという時代であった。いまスミス氏という人が、「私はケンブリッジのすべての家に電話を供給した」と当局に報告したとしよう。ところが、このとき（1）スミスはケンブリッジのすべての家に電話機を配ったのだが、その中には電話線の工事が終わっておらず、つながっていないものもあるとする。あるいは、（2）スミスはケンブリッジのすべての家に電話機のボディを配ったのだが、その中には中身が空っぽで機械が搭載されていないものもあるとしてみよう。このような状況でも、我々はスミスの「私はケンブリッジのすべての家に電話を供給した」という発話は事実を述べていると言うだろうか。はたまた（3）スミスはすべての家に数字が書かれた台を配っただけだったというケース、そして（4）スミスは何もしておらず、電話のない家については「その家には見えない電話がある」と言っているケースを考えてみよう。（4）のケースでは、スミスは単に言い方を変えて、例えば「チューリングの家には電話がない」と言う代わりに「チューリングの家には見えない電話がある」と言うのである。

ウィトゲンシュタインは他にもこの種の例を出すが、それらにより何を言おうとしているのだろうか。明らかにウィトゲンシュタインは文の言語的意味とその文を使用することによって言われていることのギャップに注目している。暗闇の中での人々の見え方の例について、ウィトゲンシュタインは次のように言う。

その物理学者は、「君は英語が分からないのか。「見えている（look like）」や「暗闇の中で（in the dark）」等々の言葉が理解できないのか」と言うかもしれない。彼が赤外線写真を見せ、「君は暗闇の中ではこのように見えている」と言うとしてみよ。彼が自分の発見したものをそのように表現するなら、それはセンセーショナルなものであり、したがって胡散臭いものである。そのように表現すれば、それは違った種類の発見のように見えるのだ。（LFM p.17／邦訳 pp.23-24）

ここでウィトゲンシュタインが「英語」と言っていることに注意してほしい。ポイントは、日本語や英語という言語として「見えている（look like）」や「暗闇の中で（in the dark）」という言葉の言語的意味を知っているだけでは不十分であり、実際の使用の現場において言われていることを明確にしなければ、我々は混乱に陥るというものである。

どちらの例においても、まずはなじみの語彙で構成された文がある。「私は暗闇の中で人々がどのように見えているかを見る方法を発見した」「私はケンブリッジのすべての家に電話を供給した」という文は、どれもなじみの語彙が日本語の文法に従って構成されている。「ケンブリッジ」が大学ではなく町を指すというような多義性さえ解消されれば、この二つの文の言語的な意味について不明なところはない。

次に、我々は「人々が見える」「電話を供給する」という言葉が用いられる典型的な状況を思い浮かべる。「人々が見える」であれば、明るい光の下、目で人間を見ている状況であり、「電話を供給する」であれば、ちゃんと電話線の工事も終わって電話を使用できる状態にするという状況のことである。すなわち、我々はその種の状況をモデルとして、「私は暗闇の中で人々がどのように見えているかを見る方法を発見した」「私はケンブリッジのすべての家に電話を供給した」といった文を理解するように促される。ところが、実際に物理学者やスミス氏がこれらの文を用いて言っていることは、これらのモデルからかけ離れている。「私は暗闇の中で人々がどのように見えているかを見る方法を発見した」であれば、「明るい光の下、目で人間を見る」というモデルに従うならば、暗闇とはまさに「見えない」状況であり、聞き手は困惑を感じる。「私はケンブリッジのすべての家に電話を供給した」では、電話を使えるようにした状況をモデルにしてその文を把握したのに、現実が（1）〜（4）のような状況であれば我々は多かれ少なかれミスリードされてしまうであろう。

ここでのウィトゲンシュタインのポイントが言語使用の現場主義に関わることは明らかである。我々は言葉としては「私は暗闇の中で人々がどのように見えているかを見る方法を発見した」「私はケンブリッジのすべての家に電話を供給した」といった文を理解しているのだが、その特定の使用の現場でこれらの文を用いて「言われていること」を理解しておらず、そのため困惑や混乱が生じている。ウィトゲンシュタインはこれらの困惑を「めまい（LFM p.17／邦訳 p.23）」と呼ぶが、我々はまさに「ありふれた日常言語の言葉」にミスリードされて、知的混乱に陥ることがあるとされているのである。初回の授業でウィトゲンシュタインがこれらの例を論じた理由は、哲学的問題に向かうには、哲学に現れる言葉によって実際に言われていることは何なのかを徹底的に明確にしなければならないと考えているからなのである。ウィトゲンシュタインのポイントは、これらのケースと似たような仕方で哲学的問題が生じるということである。すなわち、言語としては理解しているように思われる「ありふれた日常言語の言葉」がとりわけ哲学をする際に我々をミスリードして哲学的困惑をもたらす、とウィトゲンシュタインは言いたいのである。次にいよいよ『探究』へ向かうことで、ウィトゲンシュタインの現場主義がどのように哲学的問題に関わってくるのかを見てみることとしよう。

4 「対話の書」としての『探究』

『探究』を読む際にまず問題となるのは、その独特の記述スタイルをどう考えるかということである。『探究』は通常の哲学の本や論文のように、明示的な前提から順番に論証を積み重ねていき何かの結論を導く、という形式にはなっていない。『探究』は断片的とも見える節に区分けされ、その中に様々な「**声**」――多くの場合ダッシュで区切られている――が対話的に登場する。[9] 例えば、以下の箇所を見てみよう。

私が意識を持つということは、経験的事実なのだろうか。――

だが、人間は意識を持つが木や石は意識を持たない、と言わないだろうか。――もしそうでないとしたら、どうなっているというのだろうか。――人間がみな意識を失っているとしたらということか。――そうではない。意識を失うという語の普通の意味で、そういうことを言いたいのではない。そうではなく、例えば私が意識を持たないとしたら、と言っているのである。――いま私が実際に意識を持っているようには。(PI 418)

どのような状況の下で私は、ある部族が酋長を持つと言うのだろうか。そして、酋長はとにかく意識は持っていなければならない。酋長に意識がないということは、あってはならない！(PI 419)

詳細には立ち入らないが、ここは人間の「意識」という観念が論じられている箇所である。ウィトゲンシュタインは「私が意識を持つということは、経験的事実なのだろうか」という問いを立てるが、その問いに対し明示的に答えることはせず、様々な「声」による対話を展開する。この後、見ていくように、この箇所は特別な箇所ではなく、『探究』、そして後期ウィトゲンシュタインの文章全般が、この調子で書かれている。

問題はこのような独特のスタイルに対し、我々読者はどのような態度をとればいいのかということである。多くの研究者は、ウィトゲンシュタインの言葉の背後から明確な構造を持った通常の意味での「論証」を取り出そうと努めてきた。断片的であいまいな言葉の背後にある議論を明示的に取り出すところが、研究者の腕の見せ所だというのである。すなわち、そのような研究者によると、「ウィトゲンシュタインは実際には通常の哲学的論証を行っているのだが、複数の論証が整理されずに同時並行的に混在して議論されているので、読者は自身で論証を再構成する必要がある」と考えられているのである。

ここではこのようなウィトゲンシュタインの中に通常の意味での論証を見出そうとする解釈のことを、「論証解釈」と呼ぼう。[10]「論証」解釈には、少なくとも三つの問題がある。第一にはもし通常

9　ウィトゲンシュタインの著作における対話者を「声」として特徴づけることについては、Cavell（1962）, pp.91-93, Stern（2004）などを参照のこと。

10　議論をよんだソール・クリプキによる解釈も典型的な「論証解釈」であり、「クワス算」という有名な事例を用いて、クリプキはウィトゲンシュタインの論証と思われるものを非常に明確に再構成している（Kripke 1982）。また鬼界（2003）なども見よ。ただし、鬼界は近著ではウィトゲンシュタインのスタイルにより注意を払った解釈を与えている（鬼界 2018, pp.97-102）。その解釈は本書のものと大きく異なるが、検討は別の機会とする。

の意味での論証をウィトゲンシュタインが与えようとしているのだとしたら、ウィトゲンシュタインはその論証を明示的に書いたはずだということがある。論証解釈に従うならば、ウィトゲンシュタインはひどい書き手であり、論証を明示的に整理して書くことに失敗しているという話になるのである。私自身の経験を言うと、例えば、卒業論文の指導をしているときに、複数の異なる議論が整理されずに一つの節に詰め込まれているというような論文を学生が書いてくることはよくあるのだが、そのような場合には、「異なる議論は区別して書きなさい」と指導をしている。もちろん、ウィトゲンシュタインが実際にひどい書き手であるという可能性はあるのだが、ウィトゲンシュタインほどの哲学者がいつもいつも自身の異なる議論を区別して書くことができていないなどということは、ちょっと信じがたいように思われるのである。

第二にウィトゲンシュタインの対話的スタイルを説明できないということがある。もしウィトゲンシュタインが単に通常の論証をしているのであれば、なぜ複数の声が交差するような対話形式での議論を書くのだろうか。通常の意味での論証をしたいのであれば、通常の論文形式の文章を書けばいいのであって、論証解釈を採る限り、ウィトゲンシュタインの独特のスタイルの意味は不明となる。

第三にウィトゲンシュタイン自身のスタイルに関する意識と折り合わないということがある。『探究』序文において、ウィトゲンシュタインは自身のスタイルが自身の哲学的探求と密接に関わっていると言う。

私が書くことのできる最上のものは、哲学的な覚書にとどまるであろう。私の思考は、その自然な傾向に反して一つの方向へと押し込められれば、すぐに弱められてしまうであろう。——そして、このことはもちろん探求自身の本性と関係していたのである。すなわち、それは広い思考の領域を行きつ戻りつあらゆる方向へと旅することを要求しているのである。——この本の哲学的覚書は、いわば、この長く入り組んだ旅から生まれた多くの風景のスケッチなのである。(PI Vorwort)

ウィトゲンシュタインによると、彼のスタイルは自身の哲学的探求の本性と深く結びついており、まさに、そのスタイルで提示される必要があったのである。もし、ウィトゲンシュタインが通常の論証を与えているのであれば、このウィトゲンシュタインの自己認識は誤りだということになるだろう。もちろん、ここでも実際にウィトゲンシュタインが誤っていた、従って、ウィトゲンシュタインの思考は通常の論証のスタイルで再構成することもできる、と考えることもできる。しかし、そのように考える前に、ウィトゲンシュタインのスタイルを説明できるような読み方を探るのが、まずは素直な態度であると思われる。[11]

11　哲学におけるスタイルの重要性を指摘したものとしては、Nussbaum (1990) が古典的である。

というわけで、そのような読み方を考えることとしよう。ウィトゲンシュタインの独特のスタイルをどのように受け取ればよいのだろうか。その答えは、『探究』を「**対話の書**」として読むというものである。『探究』はウィトゲンシュタインと**形而上学者**、すなわち、（多くの場合ウィトゲンシュタイン自身の中にある）形而上学的衝動を体現した哲学者との対話の書として読まれるべきなのである。

ここで言う形而上学的衝動とは、要するにウィトゲンシュタインが治療の対象としている、我々の内にある哲学的傾向のことである（cf. PI 109）。ウィトゲンシュタインは哲学的理論ではなく、我々の内なるあり方、気質を問題とする。典型的には、形而上学的衝動は物事を一般的、理論的に理解したいという願望の形をとる（cf. BB p.17／邦訳 p.43）。すなわち、『論考』の写像理論に見られるように、言語と世界の関係について、それを一挙に把握するという形での理解こそが満足のいくものだと思われるのである。

『探究』を、形而上学的衝動を体現した哲学者とウィトゲンシュタインとの対話の書として読むならば、論証解釈の三つの問題は生じない。第一に、ウィトゲンシュタインをひどい書き手として理解しなくてよい。むしろ、ウィトゲンシュタインの意図からすると、『探究』は素直に書かれているとも言える。通常の意味での論証を探すということにとらわれている場合にのみ、『探究』は不明瞭で理解が難しいテキストとして現れてくるのである。第二に対話的スタイルをその見た目通り受け取れる。『探究』は対話の書なのであるから、対話的に書かれていることはむしろ当然である。そして、第三に『探究』のスタイルが、ウィトゲンシュタインの哲学的思考の本性を反映しているというウィトゲンシュタインの自己認識とも矛盾しない。ウィトゲンシュタインにとって、対話的な探求こそが哲学的思考の核にあるのであって、通常の意味での論証の形式にその思考を押し込めるべきではなかったのである。

というわけで、対話的解釈は追求しがいのある路線である。だがもちろん、この読み方が正しいかどうかは、それにより『探究』がよく理解できるかどうかにかかっている。従って、『探究』を対話の書として読むという態度を確認したうえで、いよいよ『探究』の本文に目を向けよう。

5　アウグスチヌス的言語像

『探究』本文は、アウグスチヌス『告白』の引用から始まる。引用箇所はアウグスチヌスが自身の言語習得について語っているところである。もちろん、実際に自分がどのように母語の言葉を覚えるようになったのかを記憶している人などいないので、アウグスチヌスの想像によって書かれたものである。アウグスチヌスは大人が物を指差して名前を呼ぶところを見たり、言葉を使うときの大人の表情や身体的振舞いから察知したりすることで、物の名前を覚えていったという趣旨のことを述べている。

このアウグスチヌスの想像に対して、ウィトゲンシュタインは以下のように述べる。

これらの言葉の中に人間の言語の本質についての特定の像が与えられていると私には思われる。すなわち、「言語における語は対象を名指す。——文とはそのような名前の結合である」という像である。——この言語についての像の中に我々は「すべての語は意味を持つ。意味は語に割り当てられている。意味とは語が表す対象である」という考えの根を見出す。

語の種類の区別についてアウグスチヌスは語らない。私が思うに、言語の習得をアウグスチヌスのように記述する人は、まず第一に「机」「椅子」「パン」や人名のような名詞について考え、次にある種の行為や性質の名前について考え、そして残りの種類の語については、まあ何とかなると考えているのである。（PI 1）

大事なところなので、少し丁寧に見てみよう。まずは「**像**（Bild / picture）」と「考え（Idee / idea）」の対比に注目しなければならない。ウィトゲンシュタインはアウグスチヌスの言葉の中に、「人間の言語の本質についての特定の像」があるとして、その「像」を「言語における語は対象を名指す。——文とはそのような名前の結合である」と要約する。そして、この像が「すべての語は意味を持つ。意味は語に割り当てられている。意味とは語が表す対象である」という「考え」の根であるとしている。

「像」と「考え」の違いは、哲学的洗練度の違いである[12]。言語とはそもそもこういうものであるべきだということに関して、我々はラフな捉え方を持つ。これが「像」である。そして、言語について理論的に考察をしようとすると、知らず知らずのうちにこの像に合わせて哲学的理論、考え、を展開する。このように考えられているのである。ウィトゲンシュタインのターゲットは、「像」の方である。ウィトゲンシュタインは『探究』において、「[哲学的問題は] 我々の言語の働きを見通すことによって解決される。しかも、その働きはそれを誤解しようとする衝動に逆らって認識されるのだ (PI 109)」と言う。ウィトゲンシュタインの目的は、何らかの理論を展開することではなく、いわば、我々をとらえ、言語の働きを誤解させようとするラフな物の見方、像へのこだわりから我々を解放することにある。哲学的対話の中で、知らず知らずのうちに自身を縛っている物の見方、像を明るみに出し、それが本当に自分のコミットメントに値するようなものであるのかどうかを吟味すること。少し予告的に言うと、これがウィトゲンシュタインの哲学的課題であると要約することができる。

さて、アウグスチヌスの像——**アウグスチヌス的言語像**——を材料にして、「像」についてもう少し細かく見ていこう。像は哲学的にラフであるとしたが、そのラフさは「不明瞭さ」から来ている。先の引用の二段落目 (「語の種類の区別について」で始まる段落) でウィトゲンシュタインはアウグスチヌ

12 続く『探究』二節では、両者は「言語の働き方についてのプリミティブな表象」と「意味という哲学的概念」として対比されている (PI 2)。

ス的言語像は、「名前」ということで何を考えているのかを明確にしていないということを問題にしている。「名前」ということで、我々は「机」「椅子」「パン」「花子」「ジョン」のような典型的な「物の名前」を考えることもできる。ウィトゲンシュタインより一つ後の世代のイギリスの哲学者で、「日常言語学派」のJ・L・オースティン（一九一一—一九六〇）は、この種の名前によって指差される対象を「**中くらいの大きさの固形物**（Austin 1962, p.8／邦訳 p.19）」と呼んでいる。[13]「中くらいの大きさの固形物」とは、要するに我々が日常的に出会う「ゴロっとした物」のことである。「名前」と言われると、我々はついついこの種の物の名前のことを考えてしまう。（序章での写像理論の説明を思い出して欲しい。そこで私は「東京タワー」という名前を例として用いている。「東京タワー」は「港区」などと違い、目で見て、手で触れるゴロっとした物の名前であろう。）しかし、「名前」ということで中くらいの大きさの固形物を考えなければならないわけではない。例えば、「2」や「15」などの数字は、「数の名前」であると言うこともできる。ちょうど先に見た「物理学者」が、「人々が見える」という言葉の解釈を明確にしないまま「私は暗闇の中で人々がどのように見えているかを見る方法を発見した」と述べていたように、アウグスチヌス的言語像も、「名前」の解釈を明確にしないまま、「言語における語は対象を名指す。——文とはそのような名前の統合である」と語ってしまっているのである。

従って、像とは「不明瞭な物の見方」のことである。だが、不明瞭な物の見方を持つことの何が問題なのだろうか。むしろ、不明瞭に考え、語るということは、我々の日常的なあり方なのではないだろうか。例えば、私が学生に「お中元を送ってきた人にはA評価を付けます」と言ったとしよう。おそらく、学生は「それは不平等だ」と抗議するはずである。その抗議に対して、私が「そもそも、平等ということで何を意味していますか。機会の平等のことでしょうか、それとも結果の平等のことでしょうか。まずは「平等」という語を明確に定義しないと、その抗議は意味をなしません」と答えたとして、この答えは馬鹿げているだろう。[14]「お中元の有無に基づく成績評価は平等ではない」と認識するために、「平等」の意味を明確に定義する必要はないのである。[15]

この疑問に対しては、あらゆる不明瞭さ、像が問題となるわけではない、と答えることができる。不明瞭な仕方で、いわば像的に考え、語るということは、我々が日常的にしていることであり、そのことがいつも問題となるわけではない。問題が生じるのは、我々が像の要素に対し、知らず知らずのうちに典型的なその使用の状況を結びつけ、それを物事を把握するための絶対的な枠組みとしてしまうときである。

アウグスチヌス的言語像に即して説明しよう。我々は不明瞭な仕方で「言語における語は対象を

13 ただし、オースティン自身はウィトゲンシュタインに言及しているわけではない。
14 本文では言葉の意味を明確にするものとして「定義」が言及されているが、これは必ずそうでなければならないわけではない。定義以外にサンプルや具体例による説明なども明確化の手段となる(PI 50, 71, 208-210)。
15 (もしいれば)この本を読んでいる私の授業の受講生のための注。実際には、お中元を送ってきても受け取りません。返送するのが面倒なので、送ってこないでください。

名指す。――文とはそのような名前の結合である」と口にする。これは像であり、とりわけこの像の中の「名前」という語は、多様な解釈に開かれている。ところが、哲学をする際に、我々は知らず知らずのうちに典型的な「ゴロっとした物」の名前、すなわち、中くらいの大きさの固形物を指す名前を使用する状況により、この像を解釈してしまう[16]。ここではこのような像を解釈するための状況を「**モデル**」と呼ぶこととしよう。そのような像とモデルのペアは、哲学的思考を規定する枠組みとなる。そこから例えば、「名前」とは何かしらの指差しができるような対象を表すものでなければならないとされ、「2」や「15」などの数字は、心の中の指差し、「精神の活動（PI 36）」としての指差しによって名指される神秘的な対象の名前であるとされてしまうのである。

そのような神秘的な対象は「イデア」などと呼ばれる。イデアの存在を認めるならば、我々は、日常的に経験されているこの世界とは区別された、「2のイデア」「15のイデア」などが存在する「イデア界」を、認めることになる。だが、そのような経験世界とは区別された神秘的な世界を認めるのはどうも居心地が悪いのである。

イデアについては後でもう少し論じるとして、目下の議論において重要なのは、問題は像自体でも像に典型的なモデルをあてがうことでもないということである。像を持つこと、すなわち、不明瞭に考え、語ることは、我々の日常的なあり方であり、そのことの自覚があれば、それは必ずしも有害ではない。また、典型的なモデルにより発話を理解することは一般的にはまともな認知のプロセスでもある（Levinson 2000, pp.32-33, 114-118／邦訳 pp.38-40, 146-152. cf. Fischer, Engelhardt and Herbelot 2015）。

例えば、花子が「テレビのリモコンどこにある？」と聞き、太郎が「机の上にあるよ」と答えるとき、花子は机の表面に接触してリモコンが置かれている、典型的な「リモコンが机の上にある」状況のことが述べられていると即座に理解する。「リモコンが机の上にある」という文は、リモコンが机の上、一メートルのところを浮いているという事態を表すと解釈することも、あるいは、「飛行機が北極の上にいる」ときのように、机の上空一万メートルのところを飛んでいるという事態を表すと解釈することも、原理的には可能である。しかし、普通の状況であれば花子は太郎の発話を聞いて、家の外に出て空を見上げたりはしない。花子は太郎の発話が典型的な状況、すなわち、リモコンが机の表面に接触して置かれているという状況を表すものとして理解し、机の上のリモコンを手に取るのである。このように、典型的なモデルによる発話理解は問題どころか、一般的には役に立つ認知プロセスである。では問題はどこにあるのだろうか。

それは像と典型的なモデルのペアにこだわり、それを哲学的理論が従うべき絶対的枠組みとしてしまうことにある。すなわち、我々は知らず知らずのうちにアウグスチヌス的言語像の「名前」を中くらいの大きさの固形物の名前というモデルで把握し、例えば数字によって名指される名前は「心的な名指し」によって把握されるイデア的な対象であるというような奇妙な、哲学的理論を展開することになってしまうのである。像とモデルのペアへの固執、とらわれが、ウィトゲンシュタイ

16　Fischer（2006), pp.472-473 もまた哲学的像が、我々を知らず知らずのうちに根拠のない結論へと導くと論じている。

ンの哲学的治療のターゲットなのである。

まとめよう。ウィトゲンシュタインのターゲットは、洗練された哲学的理論ではない。名前に関して言うと、例えばバートランド・ラッセルは「これ」や「それ」こそが本当の名前であるとする「論理的原子論」の理論を展開した（Russell 1918）。あるいは、ウィトゲンシュタイン自身も、『論考』において「命題において名前は対象の代わりとなる（TLP 3.22）」ということに基礎を置く写像理論を提示している。しかし、『探究』におけるウィトゲンシュタインの直接のターゲットはこれらの洗練された哲学的理論ではなく、その「根」にある像である。あるいは、より精確に言うならば、像とそれを解釈するための典型的なモデルのペアにこだわり、それを哲学的理論を展開するための絶対的な枠組みとすることである。我々は不明瞭に「言語における語は対象を名指す。――文とはそのような名前の結合である」と考え、その際、知らず知らずのうちに特定のモデルをその像に結びつけてしまう。そして、この像とモデルのペアを、物事を把握するための絶対的枠組みとして、そのモデルの（疑似）論理に従って、名前は何らかの意味で指差せる対象を表すとしてしまう。すると、そこから様々な哲学的問題が生じてくるように思われるのである。[17]

アウグスチヌス的言語像をめぐるウィトゲンシュタインの考察をこのようにまとめたとき、ウィトゲンシュタインの現場主義の重要さは明らかであろう。ある言葉を言語として理解していることで、我々はその言葉を用いる様々な状況を思い浮かべることができるようになる（PI 525）。それにより、我々は不明瞭な物の見方、像を形成することができる。ところが、とりわけ哲学をする際には、我々はその言葉を用いて言われていることが像にすぎないということに気づかずに、その像に典型的なモデルを結びつけ、何かを理解した気になってしまうのである。これに対し、ウィトゲンシュタインは、実際に言語使用の現場に目を向けることで、そこで言われていることをより明確にしうるかどうか考えるように我々に促す。そしてここに現場主義の意義がある。言語的意味と言われていることのギャップに注意を払い、言語的意味が我々をどこへと導いているのかを、きちんと見極めること。これがウィトゲンシュタインの現場主義のポイントなのである。

そして、そのような見極めのための最善の方法は、対話である。というのも、不明瞭な像をどのようなモデルで解釈したときに、納得のいく「言われていること」が得られるのかは、対話の中で行きつ戻りつ考えるしかないことだからである。ウィトゲンシュタイン的な哲学の探求においては、言葉の意味を前提として理論的主張を構築するのではなく、対話の中で自分の像を解明していくことが求められるのである。この点については、次章でウィトゲンシュタインの明確化の方法を具体的に見た後で、もう少し詳しく考えることとしよう。

---

17 「像」に注目した近年の解釈として Baker (2001), Egan (2011), Floyd (2005), Kuusela (2008) などがあるが、これらは本書のように像とモデルを区別していない。また、ウィトゲンシュタイン自身も「像 (Bild/picture)」という語で、本書で言うところのモデルのことを指すこともある (LFM p.141/邦訳 p.261)。しかし、本書はウィトゲンシュタインの用語法を記録することではなく、ウィトゲンシュタインの思考をよりよく理解することを目指しており、ウィトゲンシュタイン自身が用語化していない区別を導入することも正当化されうる。

6　要点のおさらい　知的めまいの源泉の診断

この章ではウィトゲンシュタインの言語使用の現場への注目——現場主義——とウィトゲンシュタインの哲学的方法の関係を明らかにした。ウィトゲンシュタインは言語使用の現場に徹底的に注目し、特定の発話の現場において言葉を用いて「言われていること」を明らかにすることを重視する。これは何らかの理論的な言語論を展開することをウィトゲンシュタインが目指しているからではなく、哲学をする際に我々は言語使用の現場を離れた言葉にミスリードされ、知的な「めまい」を覚えるからである。すなわち、我々は不明瞭な物の見方という意味での「哲学的像」に知らず知らずのうちに特定のモデルを結びつけることで、混乱した帰結を引き出してしまうのである。これは言葉の使用の現場を見極めず、不明瞭な哲学的像が像であることに気づかないことによって生じる。このようにウィトゲンシュタインは哲学的な知的めまいの源泉を診断するのである。

第2章
言語ゲーム

1　哲学的像の明確化

序章で論じたアイドルと青年実業家の結婚をめぐる花子と太郎の会話を思い出してみよう。最初、太郎は「得」ということを明確にしないまま「美人は得だね」と口にする。すなわち、太郎はそのような像を提示する。これに対し、花子はお金持ちと結婚できるということがそれ自体で「得」だと言えるのか、それが人生において重要な意味で価値あることだと考えているのか、と問いかける。

このとき花子は、「美人は得だ」という太郎の像を明確化するためのモデルを与えている。すなわち、女性の人生の価値は資産ある男性と結婚することで高められる、従って、お金持ちと結婚することは得だ、というような「得」についての典型的な把握の仕方をモデルとして、太郎の像を明確化し、そのように明確化された像に太郎はなおもコミットするのかと問いかけているのである。

これから見るように、ウィトゲンシュタインの「哲学的治療」は、少なくともその重要な部分がこのようなモデルによる像の明確化という方法に基づく。この章ではアウグスチヌス的言語像についてのウィトゲンシュタインの哲学的治療を見ていくこととしよう。

まずはアウグスチヌス的言語像をめぐる哲学的問題をもう一度、確認しておこう。アウグスチヌス的言語像とは、「言語における語は対象を名指す。――文とはそのような名前の結合である」という不明瞭な物の見方である。特に「名前」という語の解釈は不明瞭であり、この像はそれ自体では様々な把握のされ方に開かれている。ところが、哲学をする際に我々は、「机」「椅子」「パン」「花子」「ジョン」のような指差すことのできる中くらいの大きさの固形物の名前を考え、知らず知らずのうちにそのような名前が問題となる状況をモデルとしてアウグスチヌス的言語像を把握してしまう。そして、そこから哲学的問題が生じるとウィトゲンシュタインは考えるのであった。

重要なのは前章で見た通り、問題は像自体でも像に典型的なモデルをあてがうことでもなく、像とモデルのペアにこだわることから生じるということである。像を持つこと、すなわち、不明瞭に考え、語ることは我々の日常的なあり方である。そして、典型的なモデルによる発話理解は、一般的には信頼できる認知プロセスなのであった。問題は、哲学をする際に我々が知らず知らずのうちに像と典型的なモデルのペアにこだわり、それを哲学的理論を規定する絶対的枠組みとして扱ってしまうということにあった。

像とモデルへの固執、とらわれが、ウィトゲンシュタインの哲学的治療のターゲットであるということを確認したうえで、ウィトゲンシュタインの治療方法の検討に取り掛かろう。ウィトゲンシュタインの方法は、大きく二つに分けられる。第一は、像に対し様々なオルタナティブとなるモデルを与えることで、その像へのとらわれから我々を解放する、というものである。

まずは『探究』二節の有名な「大工の言語ゲーム」を見てみよう。

アウグスチヌスの与えた記述に合致する言語を考えてみよう。その言語は、大工Aと助手Bのコミュニケーションのための言語である。Aはある建物を石材により建設している。石材には台石、石柱、石板、梁石がある。BはAが必要とする順番に石材をAに渡さなければならない。この目的のために、彼らは「台石」「石柱」「石板」「梁石」という語からなる言語を使用する。Aがそれらの語を叫ぶと、Bはその叫んだ語に応じて持ってくるように習った石を持って行くのである。——これを完全でプリミティブな言語であると考えよ。(PI 2)

ここでは大工Aと助手Bの非常にプリミティブなコミュニケーションのシステムが描かれている。彼らの言語は「台石」「石柱」「石板」「梁石」という四つの語のみから構成されており、例えば大工Aが「石板!」と叫ぶと、助手Bは対応する石を運んでくる。

注意すべきは、ウィトゲンシュタインはこの大工の言語が「アウグスチヌスの与えた記述に合致する言語」であるとしていることである。実際、この言語はアウグスチヌス的言語像に対する中くらいの大きさの固形物のモデルとなっている。この言語における四つの語は、すべて何らかの石材の名前となっているのだ。従って、この大工の言語はアウグスチヌス的言語像に反する言語として、アウグスチヌス的言語像を論駁するために提示されているわけではない。

大工の言語が示すのは、むしろ、アウグスチヌス的言語像がこの非常にプリミティブな言語のような限定的なケースしかカバーしないということである。ウィトゲンシュタインは続く三節で次のように言う。

アウグスチヌスは一つのコミュニケーションのシステムを記述していると我々は言うことができるだろう。ただ、我々が言語と呼ぶものがすべてこのようなシステムなわけではない。そして、「この描写は役に立つかどうか」という問いが生じる多くの場合において、ひとはそのように言わねばならないのである。その問いへの答えは「そう。役に立つ。しかし、それはこの限定的な領域にとってのみ役に立つのであり、君が描写していると言っているような全体の描写としては役に立っていない」というものとなるのである。(PI 3)

アウグスチヌス的言語像における「名前」をこの大工の言語をモデルとして解釈するならば、アウグスチヌス的言語像はこの種の言語を正しく記述している、と言うことができる。しかし、アウグスチヌス的言語像とこの大工の言語というモデルは、非常にプリミティブなケースしかカバーできず、むしろ、アウグスチヌス的言語像の有効性が限られていることを示すものとなるのである。アウグスチヌス的言語像が導入された際、それは「人間の言語の本質についての」像であると言われていた(PI 1)。しかし、大工の言語ゲームは、アウグスチヌス的言語像が、そのようなものとしてコミットメントに値するということに疑問を投げかけるモデルなのである。[1]

『探究』八節において、ウィトゲンシュタインは大工の言語を拡張したケースを想像する。そこでは、数詞として用いられる「a」「b」「c」……というアルファベットの列（「1」が「a」、「2」が「b」、「3」が「c」というように対応しているといちおう考えてよい）[2]、「そこ」「これ」という二つの語、そして色見本、が二節の大工の言語に追加される。Aが建設現場のある場所を指差しながら「d―石板―そこ」と言い、色見本の例えば茶色のところを示すと、助手Bは四枚の茶色い石板をその指差された場所に置くといった形でこの拡張された言語は使用される。

この拡張された大工の言語には、多様な「名前」のモデルが含まれる。「a」「b」「c」の数詞は、アルファベットの列を暗記し、それに従って数えるという技術と結びついて使用される。「そこ」や「これ」は指差しを伴なって用いられねばならない。そして、色見本は対応する色の石材と比較するという形で用いられる（PI 16）。実際、これらの語の使い方を学ぶプロセスを考えると、それぞれ非常に異なったものとなるということが想像できるであろう（PI 9）。

ウィトゲンシュタインのポイントは、これらのどれをモデルとして「名前」を解釈したとしても、アウグスチヌス的言語像をすべての言語をカバーする「人間の言語の本質についての像」として理解することはできない、ということにある。「台石」「石柱」「石板」「梁石」のような語をモデルとして「名前」を解釈するならば、「a」「b」「c」のような数詞として使用される語は、むしろその種の「名前」とは異なる使われ方をすると言わねばならない。しかし、逆に「a」「b」「c」をモデルとして「名前」を解釈するならば、その使われ方は「石板」や「これ」のような語の使われ方と異なる。従って、この言語により「名前」の解釈を与えようとするならば、アウグスチヌス的言語像は、適切な像であるとは言えないのである。

もちろん、このような語の使用の違いを無視して「「石板」は石板を名指し、「a」は数1を名指す」と言っていけないわけではない。ウィトゲンシュタインの目的は、形而上学者に対し、何かを言うことを禁止することにはない。

ウィトゲンシュタインの狙いは、『探究』八節の言語のような拡張された言語を想像することで、アウグスチヌス的言語像がミスリーディングであることを読者に気づかせるということにある。『探究』一三節でウィトゲンシュタインは、「もし我々が「言語においてすべての語は何かを指示する」と言うとしても、さしあたりまだまったく何も言われていないのである。我々がどのような区別をしたいのかということを精確に説明しない限り（PI 13）」と言う。ここでウィトゲンシュタインは「名指す（benennen）」ではなく「指示する（bezeichnen）」という語を使っているが、このコメントがアウグスチヌス的言語像に向けられているのは明らかである。[3] 二節の大工の言語のようなプリミ

1　大工の言語ゲームのプリミティブさについての考察としてはRhees（1970）が重要である。
2　「いちおう」と限定したのは、アルファベットは有限であり、自然数列とはその点で異なるからである。
3　『探究』三九節や四六節には「名前が指示する」という言い方があり、「名前」をめぐる議論においては、「指示する」が「名指す」とほぼ交換可能な用語として使用されている。

ティブな言語ではなく、拡張されたより豊かな言語（とは言っても、まだまだ我々の日常言語に比べると貧弱であるが）を「名前」のモデルとして考えると、アウグスチヌス的言語像は様々な名前の使用の違いを覆い隠す空虚な像となってしまうとウィトゲンシュタインは指摘している。八節の拡張された言語は、そのことに気づくことで、アウグスチヌス的言語像が我々の固執に値しない像であるということを示すためのものなのである。

アウグスチヌス的言語像をターゲットとしたウィトゲンシュタインの第一の方法は、アウグスチヌス的言語像、特にその要素である「名前」に対して、様々なモデルを提供し、それらのモデルによりアウグスチヌス的言語像を明確化したならば、アウグスチヌス的言語像を言語全体をカバーする「人間の言語の本質についての像」として受け入れることはできないと読者に気づかせる、というものである。この方法はアウグスチヌス的言語像を決定的に「論駁する」というようなものではない。ウィトゲンシュタインの明確化を通して読者は自身が手元に持っているモデルではアウグスチヌス的言語像を普遍的に我々を導く像としては理解できないと気づかされる。そして、その気づきを通して読者はその像へのとらわれから解放されるのである。

2 「意味＝使用」という哲学的像

アウグスチヌス的言語像をターゲットとするウィトゲンシュタインのもう一つの方法は、アウグスチヌス的言語像とは異なる哲学的像を提示するというものである。すなわち、アウグスチヌス的言語像と異なる像を出すことで、アウグスチヌス的言語像が覆い隠しがちであった言語の側面に光を当てること、そして、それを通してアウグスチヌス的言語像が唯一の像ではないということに気づかせること。これがウィトゲンシュタインの第二の方法である。

そのような像としては「語の意味とは言語におけるその使用である（PI 43）」という「意味＝使用」像がある。[4] アウグスチヌス的言語像は、「名指し」に言語の本質を見る像であった。そして、そのことによって様々な語の使用の違いが見えなくなるということをウィトゲンシュタインは問題としていたのであった。これに対して、「意味＝使用」像は言葉の働きを見極めるために、その使用に注目するよう我々を促す。そしてそれによりアウグスチヌス的言語像が覆い隠しがちであった言語の側面に我々の注意を向けようとするのである。

注意すべきは、「意味＝使用」像は、やはり一つの像であって、明確な内容を持つ哲学的理論として意図されているわけではないということである。意味を使用として特徴づける『探究』四三節はしばしばウィトゲンシュタインに「意味の使用説」という哲学的理論を帰す根拠とされるが、その

4　他に、「名指し＝名札の付与」像もある（PI 15, 26）。

ような解釈は不適切である。というのも、ウィトゲンシュタインは「語の意味とは言語におけるその使用である」という表現における「使用」の内実が不明瞭であり、それが様々な解釈に開かれているということに気づいているからである。例えば、ウィトゲンシュタインは先に見た『探究』八節の拡張された大工の言語について、次のように言う。

我々は「言語（8）〔＝『探究』八節の大工の言語〕には様々な語の種類がある」と言うことができるだろう。というのも、「石板」という語の機能と「台石」という語の機能は、「石板」という語の機能と「d」という語の機能よりも互いに似ているからである。しかし、語をどのような種類に分けるのかは、分類の目的に依存している。──そして、我々の傾向性にも。道具を種類ごとに分類する様々な視点について考えてみよ。あるいは、チェスの駒を種類ごとに分類する様々な視点について。（PI 17）

ここでウィトゲンシュタインは「使用」ではなく「機能」という語で考察を進めているが、語の「機能」とは「使い方」のことであり、要するに、ウィトゲンシュタインのポイントは「使用」と言っても、どのように使用を区別するのか、どのようなときにある語が別の語と「同じ意味で使用されている」のかは、その区別をする特定の文脈を離れては確定していないということである。ウィトゲンシュタインは「使用」という観念が明確な内容を持ち、哲学的理論を構成しうるとは考えていないのである。
従って、「意味＝使用」像は、それ自体一つの哲学的像であり、明確化を要求している。そして、実際、ウィトゲンシュタインはこの像への明確化を与えていると見ることができる。代表的なのは、『探究』冒頭、アウグスチヌス的言語像に続いて提示される「買い物の言語ゲーム」である。

さて次のような言語の使用を考えてみよう。私がある人を買い物に行かせる。私はその人に「五個の赤いリンゴ」と書かれたメモを渡す。その人はメモをお店の人のところに持って行く。お店の人は「リンゴ」という記号のついた引き出しを開け、表の「赤」という語を探し、その語の向かいにある色の見本を見出す。それから、彼は基数の列を「5」まで口にし――私は彼が数列を暗記していると想定している。――それぞれの数を口にする際に、見本の通りの色を持つリンゴを一つ引き出しから取り出す。――だいたいこれと似たような仕方で人は語を用いているのである。――「だが、どこで、またどのようにして「赤い」という語を調べるべきかを彼はいかにして知ったのか。また、「5」という語で何をしたらよいのかを彼はいかにして知ったのか。」――さて、私の記述したような仕方で彼が行為すると私は想定しているのである。

5　ウィトゲンシュタインに「意味の使用説」を帰す解釈としては、古いものでBaker（1974）、新しいものでHorwich（2012）などを挙げることができる。

説明はどこかで終わる。――だが、「5」という語の意味はなにか。――そのようなものはここではまったく話題とされていなかった。ただ、「5」という語が使用される仕方のみが話題となっていたのである。(PI 1)

ここでウィトゲンシュタインは語の意味を何らかの実体――特に名指される対象――と考えるのではなく、「意味＝使用」と考えたときに、このプリミティブな買い物の言語がよく理解できるということを示そうとしている。その像は「赤い」「5」「リンゴ」といった語の違いに注目するよう読者を促す。「意味＝使用」像を与え、それがこのようなモデルにより明確化されうると示すことで、その像がアウグスチヌス的言語像が覆い隠しがちであった側面に注目させると示すこと。そして、それにより、アウグスチヌス的言語像以外の像により言語を考察する可能性に目を開くこと。これがウィトゲンシュタインの第二の方法なのである。

3　言語ゲーム

ここまで見てきた買い物や大工の言語活動のことをウィトゲンシュタインは「**言語ゲーム**」と呼ぶ。言語ゲームという概念は、後期ウィトゲンシュタイン哲学のもっとも著名な概念なので、ここで少しその中身を検討しておこう。

ウィトゲンシュタインは、言語活動をゲームになぞらえて「言語ゲーム」と呼ぶ。「ゲーム」のドイツ語は「Spiel」であるが、この語は「ゲーム」ということで我々が思い浮かべがちなボードゲームやテレビゲームなどよりも広い範囲をカバーする語であり、スポーツや演劇なども「Spiel」と呼ばれる。（ただ、日本語でも野球の試合が終わるときに「ゲームセット」と言ったり、テニスの試合で「ラブゲームだった」と言ったりするので、日本語の「ゲーム」のニュアンスとそれほど異なっていないかもしれない。）そこで、例えばテニスのゲームを考えてみよう。テニスにおいては一定の規則の下に、プレイヤーはボールをやり取りする。それと同じように「言語ゲーム」において、我々は言葉をやり取りしている。言語的コミュニケーションとは、テニスのボールのやり取りのように言葉をやり取りする活動である。言語ゲームとはこのように言語を使用することを「活動」として特徴づけるための概念なのである。[6]

この点についてウィトゲンシュタインは次のように言っている。

ここでは「言語ゲーム」という言葉は言語を話すことが活動、あるいは生活形式の一部であるということを強調するためのものである。（PI 23）

6　ウィトゲンシュタイン自身も言語ゲームをテニスに喩えている（PI 68, LW1, 116. cf. LW1, 854-855）。

ここでウィトゲンシュタインは言語ゲームという概念を**活動**、そして**生活**という概念と結びつけている。買い物の言語ゲームのことを考えてみよう。ウィトゲンシュタインは「私がある人を買い物に行かせる（PI 1）」という言葉でその言語ゲームを導入していた。しかし、そこで記述されるのは、おつかいに行った人がメモを渡し、それに応じてお店の人が五個のリンゴを渡すという活動のみである。この活動が「買い物」という活動として理解されるためには、リンゴを生産する人や販売する人といった社会的分業がなされており、お金のやり取りにより食べ物が購入されるといった我々の生活のありようが背景にあるということを理解していなければならない。買い物の言語ゲームのような言語ゲームにおいて、人々は言葉を用いた活動を行うが、それはその背景としての生活に織り込まれて初めて成立するようなものなのである。

ここで「言語ゲーム」という概念を批判して、言語的コミュニケーションは、言葉のやり取りをする単なるゲームではない、と言われるかもしれない。主張であれば、その内容は正しかったり、間違っていたりする。すなわち、真や偽でありうる。この点を言語ゲームという概念は覆い隠しているのではないか、というのである。例えば、大学の教授会の最中に私が年配の先生の意見に反対して「うるさいジジイ、お前は間違っている！」と言うとしたら、この発言は不適切である。[7] そしてその不適切さは、発言の内容が間違っている、すなわち、偽であるということから来ているわけではない。というのも、実際にその先生が年配の男性で、しかも間違った意見を言っていたのだとしても、やはり私の発言は不適切だからである。これに対し、私が「二〇二四年のオリンピックはベルリンで開催されるので、それに向けてドイツ語の授業を充実させましょう」と発言するとしたら、この発言の不適切さは、部分的には発言が偽であるということから来ている。二〇二四年のオリンピックはパリで開催されるのだ。[8] そして、ゲームにおける不適切な行為という観点からのみ不適切な言語使用を特徴づけるとしたら、この「発言が全体として適切かどうか／発言の内容が真か偽か」という区別を理解できなくなる。従って、言語をゲームになぞらえる言語ゲームという観念は不適切だ。こう反論されるかもしれない。[9]

この反論に対しては、言語ゲームという概念はそれにより我々の言語活動全体が説明されるような万能の哲学的理論を与えるための概念ではない、と答えることができる。それは言語を使用することが活動であるという側面に光をあてるための概念であり、言語活動があらゆる点でゲームのようであると主張するための概念ではない。実際、例えばテニスのゲームでは通常は相手の取りにく

7　実際には私はこのような発言はしたことはないし、したいと思ったこともない。念のため。
8　もちろん、この発言は偽であるという以外の理由でも不適切でありうる。声が小さくて聞き取りづらいとか、カリキュラムの話は一つ前の議題だったとか、発言が不適切である仕方は、様々である。（あるいは、大学は学問の場であり語学学校ではないのだから、発言の前半が後半の理由として不適切だ、というような分析もありうるだろう。）
9　マイケル・ダメットは、ウィトゲンシュタインがフレーゲ的な意義／力の区別を否定することで、発言の全体的な適切さと真偽という区別を否定するに至っていると論じている（Dummett 1979, pp.108-111）。しかし、ウィトゲンシュタインが否定しているのは、そのような区別ではなく、その区別を体系的に説明することが有益だということであろう。

いところにボールを打ち返すことを目指すのに対して、言語ゲームにおいては相手が返しやすいような言葉を選ぶはずである。言語ゲームとはあくまでゲームとのアナロジーにより我々の言語に関する理解を促進するための概念なのである（PI 81, BB, p.17／邦訳 pp.42-43, RPP I, 633）。

ウィトゲンシュタインが言語ゲームという概念を導入する箇所を確認しておこう。

> 言語（2）［＝『探究』二節の大工の言語］の使用の実践においては、一方が語を叫び、他方がそれに応じて行為する。しかし、言語を学ぶ際には、次のようなプロセスが生じるだろう。学習者は対象の名前を呼ぶ（*benennen*）。すなわち、教師が石を指したときに、語を言う。――実際、その際にはもっと単純な練習もされるだろう。生徒は教師が手本として言った語を繰り返すのである。――これらはどちらも話すことに似たプロセスであろう。
>
> 我々は（2）における言語使用のプロセス全体を、子どもたちが母語を習得するためのゲームの一つだと想像することもできる。私はそのようなゲームを「言語ゲーム」と呼び、プリミティブな言語のこともときどき言語ゲームと言う。
>
> すると、石の名前を呼ぶプロセスや手本として言われた語を繰り返すプロセスのこともまた、言語ゲームと呼ぶことができるだろう。「輪になって踊ろ」における言葉の多くの使われ方について考えてみよ。
>
> 私は言語と言語が織り込まれている活動の全体のことも「言語ゲーム」と呼ぶ。（PI 7）

ここは色々なものが「言語ゲーム」と呼ばれていて、『探究』を読んでいて戸惑うところである。ウィトゲンシュタインは子どもが言語を習得するプロセス、プリミティブな言語、そして言語活動全体を「言語ゲーム」と呼ぶとしている。また、別のところではより多様な我々の言語活動が言語ゲームの例として挙げられている(PI 23)。

だが、このような「言語ゲーム」の多様性から、言語ゲームという概念がウィトゲンシュタインによって統一性を欠く仕方で使用されていると考える必要はない。というのも、言語ゲームとは哲学的像を明確化するためのモデルとなるという仕方で、一定の統一性を伴った仕方で使用されている概念なのである。すなわち、言葉を用いた言語的コミュニケーションであれ、子どもの言語習得プロセスであれ、また大工の言語のような想像上のプリミティブな言語であれ、我々自身のより豊かな現実の言語であれ、ウィトゲンシュタインが問題としている哲学的像の明確化のためのモデルとして機能するものとして、どの言語ゲームも理解することができるのである。

というわけで、買い物の言語ゲーム、大工の言語ゲームといった想像上のプリミティブな言語ゲームも、我々自身の日常のおしゃべりも、あるいは詩の朗読や数学の証明も、すべて言語ゲームでありうる。前節までの議論を言語ゲームという言葉を使ってまとめるならば、ウィトゲンシュタインの哲学的方法とは、哲学的像を様々な言語ゲームにより明確化し、その像が自身のコミットメントに値するかどうかを吟味するというものだったのである。

4　ウィトゲンシュタインの哲学的方法を擁護する

この章ではここまでアウグスチヌス的言語像に関するウィトゲンシュタインの哲学的方法を「像の明確化」として描いてきた。だが、この方法を採用する根拠は何だろうか。主流の哲学者に従って、体系的な理論的説明を目指すことの方が望ましくはないだろうか。先に進む前に、この疑問についてよく考えておく必要があるだろう。

この疑問に答えるには、まず理論と像の違いを理解する必要がある。ここで「理論」と呼んでいるのは、何らかの基礎的主張により、問題となっている実践の主要な特徴をすべて説明する体系のことである。例えば、『論考』的な写像理論においては、語の意味とはそれが表す対象である、という基礎的主張から、論理法則、命題、名前、更には倫理の本性といった事柄が説明されることとなる。倫理について言うと、『論考』においては、命題は世界の中の事態を表すとされ、そこから倫理的価値のような絶対的なものは言語によって語りえない、とされる（TLP 6.4-6.421）。そこでは、写像理論から倫理的言明がナンセンスとして説明されることとなるのである。[10]

これに対し、哲学的像とモデルのペアは、問題となっている実践のあらゆる側面を説明するように意図される必要はない。哲学的像とモデルのペアへの固執から解放されれば、それは我々の実践の普遍的ではないかもしれないが、重要な特徴を把握するのに役立ちうる。例えばウィトゲンシュタインが与える「意味＝使用」像と買い物の言語ゲームのモデルのペアを考えてみよう。ウィトゲンシュタインがこのペアを提示するとき、それは我々の言語実践のあらゆる側面を説明しつくすように意図されているわけではない。実際、これらによってはカバーされないような我々の言語実践の側面もある。例えば、英語の「walk」と「walks」は異なる使われ方をされる。「walk」は一人称、二人称、三人称複数の現在形および原形として使用されるのに対し、「walks」は三人称単数の現在形として使用される。しかし、だからと言って、「walk」と「walks」は「意味が異なる」とは普通は言わないであろう（LW I, 274）。[11] 実際、「walk」と「walks」を意味が異なる語として二つの項目を立てる英和辞典などないはずである。このように「意味」と「使用」は常に連動しているわけではない。従って、「意味＝使用」像にも限界はある。[12]

ここで「walk」と「walks」の使用の違いは、重要な使用の違いではなく、ウィトゲンシュタインの見解を「意味の違いとは重要な使用の違いのことである」と修正するならば、それはすべての言

10 あるいは、例えば反実在論の理論においては、「命題の真偽は原理的に知りうるものでなければならない」という基礎的主張から、排中律のような様々な論理法則の妥当性と非妥当性が説明されることとなる。
11 ウィトゲンシュタイン自身はドイツ語の「gehen（歩く）」の一人称現在形「gehe」と二人称現在形「gehst」を例としている。
12 関連する議論として Baker and Hacker（2009）, pp.152-158 を見よ。

語実践をカバーする説明となりうる、と反論されるかもしれない。この反論はある点では正しく、ウィトゲンシュタインが言語使用に注目することの重要さを強調する際、どのような些細な使用の違いも意味の違いをもたらすとされているわけではない。ウィトゲンシュタイン自身、「本質的な使用と非本質的な使用」という区別に言及している（LW I, 385, cf. PI 62, 561-564）。しかし、重要なのは「何が本質的使用なのか」という問いに、この問いが問われる実践の文脈を離れて答えを与えようとしても空虚だということである。（言語学者、哲学者、人類学者はそれぞれどのような使用の側面が本質的で注目に値するのか、ということに関して異なることを言うはずである。）そして、そのことが意味するのは結局のところ、「使用」という概念は哲学的理論の要素となりうる明確な概念ではないということであろう。

また、「意味＝使用」像にウィトゲンシュタインがあてがう特定のモデルも、それを絶対視し、そのモデルの論理によりあらゆる言語活動を理解しようとすると逆に混乱のもととなるということも、像と理論の違いを示す点である。買い物の言語ゲームを考えてみよう。そこでは、それぞれの語がどのように使用されるべきかが厳密に定められている。「リンゴ」という語はお店の人が「リンゴ」と書かれた引き出しを開け、そこからリンゴを取り出すという使い方しかされないし、数詞にはそれを口にするたびに果物を引き出しから取り出すという使い方しかない。これに対し、我々は語をもっと多様な仕方で使用する。例えば「リンゴ！」と言うことは様々な状況で「リンゴを取って」「リンゴを投げて」「リンゴをむいて」「リンゴが好きだ」「リンゴの絵を見た」といった様々なメッセージを伝えるものとして使用されうるだろう。あるいは、「冷蔵庫に牛乳が残ってるよ」のケースを考えるならば、このケースはまさに同じ文が異なる状況で異なる事態を表すために使用されうるということを示している。従って、買い物の言語ゲームの論理に従って、一つ一つの語が厳格な使用法を持つということが、あらゆる言語実践に当てはまると考えるならば、「意味＝使用」像と買い物の言語ゲームのペアはミスリーディングなものとなるであろう。[13] 像とモデルのペアは言語実践のあらゆる特徴を説明するためのものではなく、「比較の対象（PI 130-131）」として、我々に言語実践の普遍的ではないかもしれないが重要な特徴を示すためのものなのである（cf. Kuusela 2008, 鬼界 2018, pp.239-243）。

このように理論と像の違いを理解したとき、なぜ我々は理論ではなく像へと向かうべきなのだろうか。それは、我々の言語実践が多様だからである。我々の言語実践は実に多様で、紅茶に入れるミルクについての会話から、価値ある生き方についての会話（例えば、資産家と結婚することが価値ある人生を生み出すのか、という問題についての会話）、専門的な科学の論文、数学的証明、倫理的言説まで実に多様である。もちろん、このような多様性は見かけだけであり、その背後には理論的に説明され

13　一つの語が一つの使用のみを持つというのは、『論考』の理想であった（TLP 3.325）。これに対し、『探究』では、一つの語が複数の使用を持つというところに言語の豊かさが見て取られている（PI 525-534）。関連する議論として、古田（2018）を見よ。

るべき統一的な構造があると考えることも不可能ではない。ウィトゲンシュタインは、そのような可能性を論駁しているわけではない。しかし、このような多様性を前にしたとき、理論による統一的説明を与えるというプロジェクトはデフォルトの選択肢ではない。むしろ、像により、我々の実践の様々な特徴を際立たせ、把握していくことの方が実践の多様性を尊重するプロジェクトだと思われるのである。哲学的像とそれに対する典型的なモデルにとらわれた哲学者は、実在はかくかくの仕方で捉えられねばならない、と考え、理論的説明を求めるであろう (cf. PI 112-115)。しかし、そのような像へのとらわれから解放されたならば、理論を求めるというプロジェクトを追求する理由はむしろ、存在しないのである。

5　ウィトゲンシュタインの哲学的方法を更に擁護する

このようにウィトゲンシュタインの哲学的プロジェクトは追求する価値があると言える。しかし、まだ納得がいかないという人もいるかもしれない。そこで、この節ではウィトゲンシュタインの方法に対して想定されうる二つの反論に答えることとしよう。

まず第一の反論は、自分が不明瞭な像を用いていることに哲学者たちが気がつかないのはおかしい、というものである。先の議論によると、アウグスチヌス的言語像にとらわれた哲学者たちは、知らず知らずのうちに不明瞭な像に典型的な「中くらいの大きさの固形物」のモデルをあてがい、そこから根拠のない結論を引き出してしまう、ということであった。しかし、なぜ哲学者たちはそのようなことをしてしまうのだろうか。自分が不明瞭に考え、そこから根拠のない結論を出しているということになぜ気がつけないのだろうか。自分が何を考えているかは自分が一番よくわかるはずであり、ウィトゲンシュタインは自分の思考の不明瞭さを見落とすという奇妙な間違いを哲学者たちに不当に押し付けている。こう反論されるかもしれない。

この反論には、哲学の議論からどのような結論が出されたとしても、ただちに我々の生活に目に見える違いが表れてくるわけではないからだ、と答えることができる。幸か不幸か哲学の教室でどのような議論がなされたとしても、ほとんどの場合は目に見える実際上のトラブルがただちに生じるわけではない。哲学的議論の文脈は実際的な帰結に縛られないため、哲学者が不明瞭な思考や語りを抑制するための制約を欠いているのである。

例えば、第1章の冒頭で論じた「冷蔵庫に牛乳が残ってるよ」という発話に関する花子と太郎の会話を思い出して欲しい。太郎は花子の発話を、冷蔵庫に牛乳が残っている典型的な状況――すなわち、牛乳パックに入った牛乳が冷蔵庫にある状況――をモデルとして理解し、そこから花子が紅茶に入れるための牛乳を勧めているのだと考えて「ありがとう」と応じたのであった。この種の日常の文脈での誤解はちゃんとしたコミュニケーションが続いていけば、ただちに正すことができる。というのも、この種の文脈では問題となる実践的帰結があるからである。「冷蔵庫に牛乳が残ってるよ」と言うとき、花子は太郎に掃除の不十分さについての非難を伝え、太郎が「以後、気をつける」ことを望んでいる。従って、太郎が「ありがとう」と応じたならば、その誤解はただちに明らかになり、花子は「そういう意味で言ってるんじゃないの。棚に牛乳がこぼれてるって言ってるの」と言うことで、太郎の誤解を訂正することになるのである。

これに対し、哲学的文脈においては、多くの場合そのようなただちに当否が問題となるような実際上の帰結があるわけではない。アウグスチヌス的言語像における「名前」を中くらいの大きさの固形物の名前として解釈し、そこから数は「心的な名指し」により指示されるイデア的対象だとするような奇妙な哲学的理論を展開したり、あるいは、すべての命題は名前へと分解され、それは何らかの対象を名指すというような『論考』的な写像理論を展開したり、といった「問題行動」を哲学者が示したとしても、それでただちに生活に支障が出るということはない。むしろ、それは賞賛すべき壮麗な形而上学的建築物の建設とも思われることになる。このため哲学者は自分が像にとらわれ、不明瞭に語り、考えているということに気がつけないのである。

次に二つ目の反論として、ウィトゲンシュタインの方法は結局のところ、日常言語学派的に、我々の日常言語を絶対的権威として、根拠なく哲学の言明を否定しているだけだ、という反論を検討しておこう。日常言語学派とは、二〇世紀オックスフォードのJ・L・オースティンやポール・グライスに代表される哲学の学派であり、日常言語に対し大きな権威を認めることで、哲学的問題を解決するという方法を採っていると見られることが多い[14]。

このような立場の問題は、日常言語を絶対視する根拠がない、ということにある。特に専門的な学問的探求をする際には、日常言語は役に立たないということがある。例えば、数学における「虚数」を考えてみよう。高校数学で習った、二乗すると「−1」になるというあの数のことである。数学ではある方程式に対して虚数解が存在する、などと言う。これに対して、「「虚」ということは、普通の言葉遣いでは虚構、つまり想像上のことであり、本当は存在しないということを意味するのだから、「虚数が存在する」などという表現はナンセンスだ」と言うのは馬鹿げているだろう。数学において「実数」と区別された「虚数」の計算体系を使用することには十分に根拠があり、日常の言葉遣いを絶対視する理由はない。[15]

ところが、いま問題としている反論によると、ウィトゲンシュタインは日常の言葉遣いを絶対視し、哲学という専門分野での言語使用をナンセンスだとして不当に切り捨ててしまっている、というのである。すなわち、ウィトゲンシュタインは「言語における語は対象を名指す。――文とはそのような名前の結合である」というアウグスチヌス的言語像に対し、そこでの「名前」という語の使い方は、我々の日常の言語ゲームでの使い方に反しており、従って、ナンセンスだと言っている

14　ただし、実際には日常言語学派の哲学者たちの方法はそれほど単純ではない。例えば、オースティンの哲学的方法を実験哲学的に受け継ぎ、展開したものとして Fischer, Engelhardt, Horvath and Ohtani (2019) を見よ。
15　ウィトゲンシュタイン自身も『講義』で虚数の例を論じている (LFM pp.15-17／邦訳 pp.20-22)。

にすぎない。しかし、日常の言語実践と哲学の言語実践は異なるのだから、そのように日常の言語ゲームに絶対的な権威を認めて哲学的言明を断罪するのは不当である。このように反論されるのである。

このような反論に対してまず指摘すべきは、ウィトゲンシュタインは、哲学的言明、例えばアウグスチヌス的言語像を表す言葉を「ナンセンス」とは言っていないということである。ここまで見たように、ウィトゲンシュタインのポイントはアウグスチヌス的言語像はまさに像であって、その意味内容が「不明確だ」ということにある。ウィトゲンシュタインは哲学的対話の中でアウグスチヌス的言語像を明確化し、それを通してその言語像が言語一般についての像としてはコミットメントに値しないということを読者に気づかせようとしているのである。

更に重要なのは、ウィトゲンシュタインが日常の言語ゲームを吟味する理由は日常言語学派的な日常言語至上主義ではなく、言語についての現場主義だということである。我々は日常的に、「名前」や「対象」や「文」といった語を理解して使いこなしているのだから、哲学的対話において「言語における語は対象を名指す。――文とはそのような名前の結合である」と口にすれば、ただちにその意味内容も明確に理解されうる、とウィトゲンシュタインは考えない。哲学的対話も一つの言語使用の現場であり、そこでも発話によって言われていることが何かということは注意して吟味すべきことである。日常の会話における「名前」や「対象」や「文」の意味を自動的に哲学的対話へとスライドさせて、「言語における語は対象を名指す。――文とはそのような名前の結合である」に意味内容を与えることはできない。だからこそ、ウィトゲンシュタインは日常の実践における名前のモデルを詳細に吟味し、それが哲学的文脈で我々のコミットメントに値するようなモデルを与えることができるのかを問題とする。[16]

このようなウィトゲンシュタインの現場主義は、日常言語の権威を絶対視する日常言語至上主義とは異なる。日常の会話における言葉の意味を哲学的対話へと自動的にスライドさせることができないと考えることは、現場主義であり、それは普段の会話で「見えている」や「暗闇の中で」を理解しているからといって、「私は暗闇の中で人々がどのように見えているかを見る方法を発見した」という発話によって言われていることがただちに明確に理解できるわけではないと考えることと同じである。これに対し、日常言語の使い方に反するものはすべてナンセンスであると断罪すること、いわば哲学者に対し「普通はそういう言い方はしない」と言えば、議論を終了させることができると考えること、これは日常言語至上主義と呼ぶことができる。ウィトゲンシュタインは、現場主義は重視しているが、日常言語至上主義は採用していないのである。

16　ただし、先に見たようにウィトゲンシュタインは想像上のプリミティブな言語ゲームも吟味するということには注意が必要である。従って、ここでの「日常的」はより正確には「非哲学的」と書くべきかもしれない。

6　明確化と対話

ここまでの二節でウィトゲンシュタインの方法を正当化できたので、最後になぜ明確化というその方法が対話というスタイルを採るのかという点を検討しておこう。まず押さえておくべきなのは、ウィトゲンシュタイン哲学における明確化は、その後に続く推論の単なる準備ではない、ということである。

比較として通常の直線的な推論を考えてみよう。そのような推論を行う際にも、推論の前提を明確にすることは必要となる。例えば、次の二つの推論を見てみよう。

【イ】
小泉八雲はラフカディオ・ハーンだ。
小泉八雲は男性だ。
∴ラフカディオ・ハーンは男性だ。

【ロ】
ソクラテスは哲学者だ。
ソクラテスは男性だ。

∴哲学者は男性だ。

この二つの推論はどちらも「AはBだ」「AはCだ」「ゆえに、BはCだ」という推論になっているように見える。しかし、「イ」の推論は正しい推論だが「ロ」の推論はどこかおかしい。「ソクラテスは哲学者だ」と「ソクラテスは男性だ」という二つの前提を認めたとしても、「哲学者は男性だ」という結論を認めることはできないように思われるであろう。では、この二つの推論の違いはどこにあるのだろうか。

それは「イ」の「小泉八雲はラフカディオ・ハーンだ」という文は、小泉八雲とラフカディオ・ハーンが同一人物であるという同一性の関係を表しているのに対して、「ロ」の「ソクラテスは哲学者だ」という文はそうではないという点にある。その文ではソクラテスと「哲学者さん」という人物が同一人物だと言われているわけではなく、ソクラテスに「哲学者である」という性質が帰されているのである。集合の概念を用いるならば、その文はソクラテスという人物が哲学者の集合のメンバーであるということを言っているのである。つまり、日本語で書くと同じように「AはBだ」という形をしているように見えたとしても、実際には両者の文は異なる構造を持っているのである。

このような場合に、そこで生じる混乱を取り除くのは難しくない。例えば、「小泉八雲はラフカディオ・ハーンだ」を「小泉八雲＝ラフカディオ・ハーン」と表記し、「ソクラテスは哲学者だ」を「ソクラテス∈{x｜xは哲学者である}」と表記すれば、両者が異なる構造を持つということは、明確になる。そして、そのように明確になれば、後は直線的に推論をすればよいだけである。

このようなタイプの明確化に対して、ここまで見てきたようなウィトゲンシュタインの明確化は、単なる推論の準備段階ではない。ウィトゲンシュタインは表記法を工夫することで取り除けるような誤解が問題なわけではないとはっきりと述べている（PI 132-133, LFM p.15／邦訳 p.19）。

ウィトゲンシュタインの明確化の一つの特徴は潜在的にエンドレスだということである。先にも論じたように、ウィトゲンシュタインが「治療」の対象としている哲学的な衝動を「形而上学的衝動」と呼ぶことができる。アウグスチヌス的言語像の場合は、大雑把に言うと、それは世界とそれを表す媒体——言語——の関係を統一的に説明しようという衝動である。ウィトゲンシュタインの明確化は、この形而上学的衝動を満足させるような形でアウグスチヌス的言語像を明確にできるかどうかを吟味するというものとなる。すなわち、形而上学的衝動を満たすモデルを行きつ戻りつしながら探索するというのがウィトゲンシュタインの明確化なのである。この明確化においては新しい表現や定義により明確化が完了するというわけにはいかない。というのも、そのようなやり方で形而上学的衝動が満たされなかった場合、別の明確化のやり方がある可能性を考慮せねばならないからである。

形而上学的衝動を満たすモデルを行きつ戻りつ吟味するという方法が、対話というスタイルに行き着くのは自然である。というのも、形而上学的衝動を代表する声が、提案されたモデルに同意するのか、それとも、それを拒絶するのか、ということが明確化の鍵となるからである。もちろん、ウィトゲンシュタイン自身は、アウグスチヌス的言語像を言語の本質についての像として満足させるモデルが存在しないということを我々に気づかせようとしている。だが、それは直線的な論証により達成されることではなく、形而上学的衝動を表す声とそこからの解放の声との対話の中で達成されることなのである。[17]

7　要点のおさらい　ウィトゲンシュタインの哲学的治療

前章ではウィトゲンシュタインのターゲットを「哲学的像とモデルのペアへのとらわれ」として特徴づけた。これを受けてこの章では、ウィトゲンシュタインがそのようなとらわれから我々を解放しようとする仕方をアウグスチヌス的言語像に関する議論を材料として見た。ウィトゲンシュタインの方法は大きく分けて二つあり、第一の方法は哲学的像に対して、オルタナティブとなるよう

17　興味深いことに、思考を自己の中での対話として特徴つけたハンナ・アーレントは活動的な思考を展開する哲学者として『探究』のウィトゲンシュタインに言及している（Arendt 1977, vol.1, p.231／邦訳 pp.269-270）。アーレントの思考論とウィトゲンシュタインの哲学論には相違点も多いが、興味深い一致も見出せるように思われる。アーレントの思考論についての関連する解釈としては、橋爪（2019）が参考になる。

な様々なモデルを与えることで、その像を明確化するモデルが他にもありうることに気づかせると
いうものである。有名な言語ゲームという概念は、言語をテニスのような活動として捉えるための
概念であるが、ウィトゲンシュタインが記述する個々の言語ゲームは像を明確化するためのモデル
として与えられていると考えることができる。

第二の方法は、異なる哲学的像を与えることで、問題となっている哲学的像が唯一の像ではない
と気づかせるというものである。意味と使用を同一視するウィトゲンシュタインのコメントは、「意
味の使用説」といった哲学的理論ではなく、我々の言語活動を把握するための一つの像として位置
づけるべきなのである。

ウィトゲンシュタインの哲学的方法はこのように理論ではなく像をターゲットとするが、我々の
言語活動の多様性を考慮に入れたとき、その多様性を損なわないように像により我々の実践の様々
な側面を際立たせるという方法は正当な方法であると考えることができるのである。

第3章
規則の問題

1　「2を足す」とはどういうことか

保育園からの帰り道。「昨日、カレー食べたね」と三歳になる息子が言う。私はおずおずと「今日もカレーだよ」と言う。すると息子が「ぼく、カレー好きなんだ」と言う。私はホッとして、それから、ずいぶんおしゃべりが上手になったもんだと思う。

別の日。息子と電車のおもちゃで遊んでいると、息子が「昨日、新幹線に乗ったね」と言う。私はちょっとびっくりして「昨日じゃないよ。もっと前だよ」と答える。新幹線に乗ったのは、夏休みに私の実家がある京都に帰省したときだから、もう三か月も前のことなのだ。ずいぶんとおしゃべりが上手になったと思っていたが、息子は「昨日」という言葉を正しく使いこなしてはおらず、どうも過去を一般的に指す語としてその言葉を理解していたようなのである。息子にとっては一日前も三か月前も「昨日」なのだ。

このケースが示すように、言葉の意味を理解しているかどうかは、その言葉を正しく使いこなしているかどうかと深く関わっている。「昨日」という言葉を正しく使いこなせない人は「昨日」という言葉の意味を十分に理解しているとは言えないのである。

前章では、ウィトゲンシュタインがアウグスチヌス的言語像への固執を退け、言葉の使用に注目することの重要さを指摘していると論じた。だが、「使用」というキーワードを持ち出すだけでは、まだ言語についての哲学的混乱を解きほぐしたことにはならない。「言葉を正しく使用するとはどういうことか」を適切な仕方で理解するという課題が残っているのである。ウィトゲンシュタインがこの点について何を論じているかを見るために、『探究』におけるいわゆる「**規則の問題**」を検討しておこう。

なお、その前に一点だけ但し書きをさせて欲しい。以下で見る『探究』の議論は「規則の問題(rule-following considerations)」と呼ばれ、『探究』のもっとも有名な箇所の一つだが、私の解釈によると、この箇所の主題が規則という観念だと考えるのは間違いである。確かにウィトゲンシュタインは議論の中で規則に言及するが、この箇所の主題はむしろいま述べた「言葉を正しく使用するとはどういうことか」ということであり、特に規則に言及されていない節でも「規則に従うこと」が念頭に置かれていると考えるべきではない。はっきり言って「規則の問題」というラベルで『探究』のこの箇所を呼ぶのは間違っているのだ。従って、以下でもまずは規則という観念に引っ張られないように注意して『探究』の議論を検討し、この章の最後で規則の観念について補足的に論じることとする。

さて、『探究』に向かおう。『探究』一四三節でウィトゲンシュタインは、教師が生徒に自然数の数列を書くことを教えるという状況を想像する。すなわち、生徒は教師のお手本を書き写したりすることで、「0, 1, 2, 3,……」という数列を書くことを教えられる、という状況をウィトゲンシュタインは想像する。この一四三節の後、「理解」および「読むこと」に関する考察が展開され、四〇節以上を経過した後、『探究』一八五節でウィトゲンシュタインは、この生徒の例に戻ってくる。

さて、一四三節の例に戻ろう。生徒は――通常の基準によって判断するならば――自然数の数列を習得している。次に我々はその生徒に基数の別の数列を書くことを教え、例えば「+n」という形の命令に「0, n, 2n, 3n, 等々」という形の数列を書くことができるようにする。従って、「+1」という命令には、生徒は自然数の数列を書くことになる。――我々はその生徒に1000までの数については練習と理解を試すテストをしたとしよう。

それから我々はその生徒に（例えば「+2」の）数列を1000を超えて続けさせる。――すると、その生徒は1000, 1004, 1008, 1012と書く。

我々は「自分のしていることを見てごらん！」と言う。――そう言われても、その生徒は理解しない。我々は「だって二を足さないといけないんだよ。自分が数列をどうやって始めたのか見てごらん！」と言う。――これに対して、その生徒は「そうです！　これが正しくないですか？　私はこう書かなければならないと思ったんですが」と答える。――あるいは、生徒は数列を指差して「ほら、私は同じやり方でやっています！」と言うとしてみよ。――ここで「でも……がわからないのか？」と言っても無駄であろう。――また、以前の説明や例を繰り返してやっても無駄なのだ。——我々はこのような場合には、例えば「この人には、その命令が与えられたら、我々の説明に基づいて、「1000まではいつも2を足し、2000までは4を足し、3000までは6を足せ、等々」という命令を我々が理解するように理解するのが自然なのだ」と言うことができるだろう。

このケースは、ある人が方向を指示する手の動きに、手首から指先の方向ではなく、指先から手首の方向の方に自然と目を向けるという反応を示す人のケースと似ているであろう。

(PI 185)

ウィトゲンシュタインの言う「基数」とは、ここでは「0, 1, 2, 3,……」という自然数のことと考えて差し支えない。いま生徒は「0, 1, 2, 3,……」という数列を問題なく書くことができるようになっている。次に教師は「+1」や「+2」や「+3」といった命令に対して、「0, 1, 2, 3,……」や「0, 2, 4, 6, 8,……」や「0, 3, 6, 9, 12,……」と書くことを教える。そして、生徒は「1000」までの数の範囲であれば問題なくこのような数列を続けていけるようになった。そこで教師は、(なんでそんなに書く必要があるのかわからないけれど)更に「1000」を超えて「+2」の数列を続けさせる。真面目な生徒なので、根気よく数列を書き続け、「……, 994, 996, 998, 1000」と書き続ける。ところが、その次に「1004, 1008, 1012」と書き始める。ここで教師は「2を足すんだよ」とか「これまでと同じようにやってごらん」と言って、生徒の間違いを正そうとするのだが、その生徒は「これが「2を足す」ってことですよね」とか「同じようにやってるんですが」と答える。そして、そのとき、この生徒はふざけているわけでもなければ、反抗しているわけでもなく、本心からそのように答えている、というのである。

2　規則の問題

これが『探究』において「規則の問題」が提示された箇所であるが、ここで何が問題になっているのだろうか。それはまずは「言葉の使用の正しさ」だと言うことができる（cf. Boghossian 1989, p.513）。有意味な言葉はその使用の正しさを問題とすることができる。例えば、「青い」という言葉について考えてみよう。太郎が友人の結婚披露宴に出席したときの話を花子にしていて「青いドレスを着た新婦の友人が感動的なスピーチをしたんだよ」と言ったとしよう。このとき、実際にその新婦の友人が青いドレスを着ていたのであれば、「青い」という言葉は正しく使用されているし、太郎の記憶違いでその友人が赤いドレスを着ていたのであれば、それは間違って使用されている、ということになる。（私自身はこの種のことを覚えられなくて、披露宴に出席した日に「新婦はどんな衣装だったの」と聞かれて、ドレスの色どころか、そもそもドレスを着ていたのか着物を着ていたのかすら思い出せなかったりする。）あるいは、聞き手の側から考えてみよう。花子が太郎に「青いペンを取って」と頼んだとしたら、青いペンを花子に渡すことが太郎にとっては正しい反応であり、赤いペンを渡したら、それは間違った反応だということになる。[1] このように話し手の側から見ても、聞き手の側から見ても、言葉はその使用の正しさを持つ。言葉が正しく使用されているとは、話し手にとっては適切な条件の下でその言葉を述べることであり、聞き手にとっては、その言葉に適切な反応をすることである。[2]

ちょっと注意しておくと、ここで問題となる「言葉の使用の正しさ」とはその言葉を用いて「言われていること」に応じて適切に行為するという意味での「正しさ」のことである。第2章3節で見たように、言語使用の適切さには色々なレベルがある。「うるさいジジイ、お前は間違っている!」という発言は、それにより言われていることが正しいという意味では適切であるとしても、不当に同僚を侮辱する発言であり、道徳的には不適切である。あるいは、命令のケースを考えてみよう。上司から「決算の書類を書き換えろ」と粉飾を命令され、実際に数字を書き換えれば、「その命令通りに行為した」という意味では命令に「正しく従っている」ことになる。しかし、道徳的にはそれは正しいことではなく、「そんなことをしてはいけません」と答えるべきであろう。このよう

1　ここでは太郎は花子の頼みに応じるつもりであるということは前提となっている。もし、太郎が花子の頼みに応じる気がなければ、むしろ青いペンは渡さないことが適切な反応ということになる。

2　ここでも「言われていること」と言葉の言語的意味のギャップは問題となりうる。例えば、私の手元には「見た目が青くて、インクは黒いペン」があるが、履歴書を書くために「青いペンを取って」と言い、そのペンではなくインクの青いペンを渡されたら、それは「青い」という言葉を用いた文に対する不適切な反応だということになる。

に言語使用には様々な適切さ、正しさ、のレベルが存在するが、ここで問題としているのは、発言内容が正しかったり、命令内容を正しく理解して行為しているという意味での「正しさ」のことである。

そしてこの意味での使用の正しさは「青い」のような日常的な表現だけでなく、「+2」のような数学的表現にとっても問題となる。すなわち、「+2」という命令に対しては、「1000」の次に「1002」と書くのが正しい反応であり、「1004」と書くならばそれは間違った反応だということになるのである。

『探究』一八五節でウィトゲンシュタインが問題としているのは、この言葉の使用の正しさがいかにして決まるのか、ということである。我々は「+2」という命令に従うならば、「……, 996, 998, 1000, 1002, 1004,……」と書くのが正しく、「1000」の次に「1004, 1008, 1012」と書くのは間違いだということは当たり前だと思う。ところが、それを当たり前と思わない生徒が現れたとき、なぜ「1000」の次に「1002」と書かねばならないのかを説明できないように思われる。「2を足すんだよ」と言っても、その生徒は「1004」を書くことがまさに2を足した場合の正しい反応だと思っている。「前と同じようにやりなさい」と言っても、「同じようにやってるんですけど」と答える。「一つ飛ばしで書きなさい」と言ったらどうだろうか。その生徒はおそらく「「1001, 1002, 1003」と一つ飛ばしたら「1004」ですよね」と答えるのだろう。そして、ここでも「でも、それだと三つ飛ばしてるよ」と言っても無駄なのである。その生徒は「これが「一つ飛ばす」ってことだと思ったんですけど」と言うのだ。

注意すべきは、ここで問題となっているのはどのようにすればその生徒を納得させられるかという「説得」の問題ではないということである。どんなに当たり前と思われることでも、その正しさを万人に納得させられるとは限らない。現代でも、地球が平らだと信じている人はやはり存在するのだ。そして、万人を説得できないからと言って、地球が丸いという事実の身分を不安に思う必要はない。ウィトゲンシュタインが一八五節の最後のところで示唆しているように、「説得」ということだけがポイントであれば、その生徒は我々から見ると不自然な仕方で言葉に反応することを自然と思ってしまうので、その生徒を説得するのは難しいというだけのことである。

問題は、その生徒を説得できるかということではなく、「1000」の次に「1002」と書くのが「+2」に対する正しい反応だというような「+2」の使用の正しさが何によって決まっているのかを説明できないようにみえるということである。「1002」と書くのが正しいということが「当たり前だ」と言ってすまさないとき、「ではいったい何によってその正しさは決まっているのか」という問いに答えなければならないように思われる。ところがその問いへの答えとなるものが存在しないようにみえるのである。

ここで、「いやいや、その問いへの答えは明らかだ」と言いたくなるかもしれない。確かに、教師と生徒の過去のレッスンの中には「1000」の次に「1002」と書くべきだということを決めるものは何もない。「+2」という命令に応じて、「1000」の次に何を書けば「それまでと同じようにやった」

と言えるのかは、過去のレッスンの中では明示的に述べられていない。だが、教師は「1000」の次に「1002」と書くのが正しいという意味で「+2」という命令を与えたはずだ。すなわち、この教師の「意味していたこと」が「1000」の次に「1002」と書くことの正しさを決めている。こう思われるかもしれない。

「意味していたこと」が正しい反応を決める、というこの答えの問題は、「意味していたこと」とはどういうことなのかが不明確だということにある。もしそれが「+2」という命令を与えたときに、教師は「1000」の次は「1002」だと意識的に考えていたということであれば、教師はそんなことはしていないはずである。また、ありそうもないことだが、仮に「「1000」の次は「1002」だぞ」と意識しながら「+2」という命令を教師が与えていたのだとしても、「「10034」の次は「10036」だ」とまで考えていたはずがない。「+2」の数列は無限に続くのであり、無限の計算結果のリストをすべて一挙に意識的に考えることなどできない。しかも、そもそも「足す」とは計算結果のリストを覚えることではなく、任意の数に対して——例えば一つ飛ばしで数字を書くというような——手続きにより、答えを導くことなのである。そして、だが、「1000」の次に何を書けばそのような手続きに正しく従ったことになるのかということがそもそもの問題だったのである（PI 186）。

というわけで、「+2」のような表現の使用の正しさを決めるものが存在しないように思われること。すなわち、「+2」の数列において何が正しいステップなのかを決めるものがないように思われること。これが「規則の問題」である。

3 「規則の問題」の診断

規則の問題において問題となっているのは、言葉の使用の正しさである。『探究』一八五節の生徒を想像すると、「+2」という命令に対し、「1000」の次に「1002」と書くことが正しいのは「当たり前だ」と言えなくなる。ところが、「では何がその正しさを決定しているのか」という問いへの答えが何もない。このように思われることが規則の問題である。

ウィトゲンシュタインはこの問題をどのように扱っているのだろうか。『探究』一八五―一八八節で規則の問題を説明した後、一八九節でウィトゲンシュタインは次のような対話を導入する。

「しかし、そうだとすると数列のステップは算術の式によっては決定されていない、ということなのか。」――この問いには欠陥がある。(PI 189)

ウィトゲンシュタインは「+2」という命令ではなく、「算術の式」と言っているが、ポイントはそれほど違わない。初項 $x_1=0$, $x_n=x_{n-1}+2$ という式によって「+2」の数列の項を与えるとすると、「+2」の数列は、その式によって決定されていると思われる。ところが、規則の問題を考えると、実はそのようには決定されていないと考えねばならなくなるのか、とこの対話において「対話者」は問う。ウィトゲンシュタインはこの問いに対して、「イエス／ノー」で答えるのではなく、その問い自体に欠陥があるとする。このウィトゲンシュタインの答えは何を意味しているのだろうか。

ウィトゲンシュタインはここで「決定」に関わる哲学的像を問題としている。すなわち、「数列の語を含む「しかし、そうだとすると数列のステップは算術の式によっては決定されていない、とい正しいステップが決定される」という発話における「決定」という語の内容が不明瞭であり、このうことなのか」という問いは、不明瞭な問いでしかないと考えているのである。ウィトゲンシュタインによると、その問いは明確な内容を持たないので、ダイレクトに「イエス／ノー」で答えることはできない。「決定されている／いない」と答える前に、「どういう意味で「決定」と言っているの？」と問い返す必要があるのだ。言い換えるならば、ここでは「決定」という哲学的像を明確化することが求められているのである。

ウィトゲンシュタインによると、ここでの「決定」は二つの異なるモデルで理解されうる(PI 189)。第一には、人々の教育の話として、この「決定」は理解されうる。例えば、小学生のクラスに関数の授業を徹底的にすることで、皆が一致して与えられたxに対し、yの値を計算できるようになるとしよう。「$y = 2x$」とか「$y = x^2$」とかいった式と「x」の値を与えれば、このクラスの生徒は全員一致した答えを出すことができるのである。このとき、「決まった答え」をみんなが出すことができるという意味で、（ちょっとぎこちない言い方ではあるが）このクラスの小学生に関しては、

「式によって答えが決定されている」と言うことができる。

第二のモデルは、人々の教育ではなく、式自体の性質に注目する。すなわち、「$y = x^2$」は与えられた式に対してyの値を「決定する」が、「$y \neq x^2$」はそうではない、とされるような場合の「決定する」のモデルである。こちらは、人々が教育によって、そう振舞うように身体的、物理的に決定されているという話ではなく、算術の記号体系の中で式がそのような性質を持つものかどうか、という話である。

ウィトゲンシュタインはこの二つのモデルの混同が、規則の問題に関する混乱を引き起こしていると考える。この点は『探究』一九三―一九四節で、機械の動きが「決定」されることの把握の仕方とのアナロジーで説明される。

ウィトゲンシュタインは「動き方のシンボルとしての機械」というものを考えるように言う。

> 動き方のシンボルとしての機械。機械は――まずは私はこのように言うことができるだろう――その動きをすでに自身のうちに持っているように見える。どういう意味だろうか。――我々が機械を認識することで、残りのすべてのこと、つまり機械の動きはすでに完全に決定されているように見える、ということである。(PI 193)

例えば、博物館などに行くと、古い機械が展示されていることがある。明治時代に日本の近代化を支えた紡織機とか、高度経済成長期の自動車の生産ラインとか、そういうものだ。これらの機械を見ながら、我々は「あそこの歯車が回転するとこちらに力が伝わって、ここが動く」とか「そこのスイッチを押すと電気が流れて、プレス機が下がる」とかいうことを理解できる。このとき、我々はそのような機械の動きの可能性が、「すでにその機械の中に含まれている」とか、その機械の動きは、「その仕組みにより決定されている」と言いたくなる。そして、その際、機械が壊れて理解した通りに動かない、というような可能性を考えたりはしない。実際、明治時代の紡織機をいま動かしたら、部品が劣化していて、うまく動かない可能性が高いだろう。ところが、それでも我々はそのような可能性を無視して「あそこの歯車が回転するとこちらに力が伝わって、ここが動く」というように理解することができる。

このときその機械は「動き方のシンボル」として理解されている。すなわち、その動きの可能性が、「すでにその機械の中に含まれている」とか、その動きは、「その仕組みにより決定されている」と言うとき、機械は「シンボル」、つまり、一つの記号体系として理解されているのである。そして、その記号体系においては、部品が劣化して歪んでいるから仕組み通りに機械が動かないといった可能性はそもそも排除されているのである。それは、「将棋の歩は一マス前に進むことができる」と言うとき、歩の駒をつかんだ瞬間に、その駒が割れてしまって前に進めない可能性とか、歩を前に進めようとしたときに、家が火事になって逃げ出したので、結局その歩は前に進めなかった、とかいうような可能性を無視しているのと同じである。

「仕組み通りに機械が動かない可能性を無視する」とは、簡単に言うと、何か不都合なことが起こったとしても、それはそのシンボルとしての機械、すなわち記号体系、の問題ではなく、現実の問題だとされるということである。言い換えるならば、シンボルとして理解されるとき、機械は現実の存在者ではなく一種の規範、つまり評価軸として扱われ、現実を判断するために用いられるのである。

例えば自動車の生産ラインを動かしてみたら、部品が劣化していてスイッチを押してもプレス機が下がらなかったとしてみよう。機械をシンボルとして理解しているのであれば、このときにも我々は「そこのスイッチを押すと電気が流れて、プレス機が下がる」という説明を撤回する必要はなく、「そこのスイッチを押すと電気が流れて、プレス機が下がらなければならないのだが、部品が劣化していて本来の動き方をしなかった」と不具合を現実のあり方のせいにすることができる。あるいは、将棋の歩の駒をつかんだらそれが割れてしまったときも、そのことにより「将棋の歩は一マス前に進むことができる」という将棋というゲームの体系に関する説明を撤回する必要はない。我々は「本来は将棋の歩は一マス前に進むことができなければならないのだが、駒が割れたので進められなかった」と不具合の理由をゲームの体系以外のところに求めるはずである。

これに対して、現実に存在する「物」としての機械を考えるときには、我々はそのようにして不具合の可能性を無視しない。実際、もし自分が自動車工場の工場長だったら、機械の部品が劣化して歪んでしまっている可能性を無視したりはせず、メンテナンスや部品交換のことも考えるであろう。この場合は、そのような可能性を無視して「そこのスイッチを押すと電気が流れて、プレス機が下がらなければならない」と言うわけにはいかない。従って、ここでは、機械の動きは仕組みによって完全に「決定」されているとは言えなくなるのである。

問題はこの「シンボル」としての「決定」と「物」としての「決定」を区別しないことによって生じる。ウィトゲンシュタインは次のように述べる。

しかし、我々が機械は別の仕方で動くこともありえたということを考慮すると、シンボルとしての機械には、現実の機械の場合よりも、はるかに決定された仕方でその動きが含まれていると思われることもあるのである。そこに含まれているのは、経験的にあらかじめ決定されている動きだというのでは十分ではなく、本来の、――ある神秘的な意味で――すでに現存している動きでなければならない、ということになるのだ。そして、それは確かにその通りなのである。シンボルとしての機械の動きは、現実の機械の動きとは異なる別の仕方であらかじめ決定されているのである。(PI 193)

ここでウィトゲンシュタインが述べていることは、像とモデルという用語によってうまく説明できる。機械の動きは、「その仕組みにより決定されている」と言うとき、そこでの「決定されている」ということの中身は不明確であり、その発話は像を表現している。ところが、我々は知らず知らずのうちに典型的な「決定」、すなわち、物としての機械の動きが決定されているケースをモデルとしてその像を理解してしまう。そして、そのモデルに従って、シンボルとしての機械の動きの「決定」を理解すると、その決定は現実の機械ではありえないような、まったく故障しない――すでにその動きが神秘的な仕方でその機械の中に現存している、と言いたくなるような――決定だと思われてしまう、というのである。

もちろん、博物館で明治時代の紡織機を見ているとき、普通、我々はそこで何か神秘的なことが生じているとは考えない。では、ウィトゲンシュタインが記述しているような混乱に陥るのはどのようなときだろうか。ウィトゲンシュタインの答えは「哲学するとき」というものである。

> ではいつ人は「機械はその動きの可能性を何らかの神秘的な仕方で自身のうちに持っている」と考えるのだろうか。――そう、哲学をするときである。(PI 194)

ウィトゲンシュタインによると、哲学をする際、我々は言語表現によりこのような混乱へと導かれてしまう。

我々はそれらの物に関する自分たちの用いる表現に注意を払うが、それを理解せず、誤解してしまうのである。哲学をするとき、我々は文明人の用いる表現を聞き、それを誤解して、非

常に奇妙な解釈を与えてしまう未開人、プリミティブな人々のようである。(PI 194)

我々は、機械の動きは「その仕組みにより決定されている」と言うとき、この「決定」を典型的なモデルにより解釈し、そこから、奇妙な結論を導いてしまう。すなわち、シンボルとしての機械においては、単にその記号体系においては故障の可能性が排除されているだけなのに、シンボルとしての機械は故障することがありえない神秘的な仕方でその動きが決定されていると結論してしまうのである。

さて、この「シンボルとしての機械」をめぐる議論が、規則の問題における命令や数列により「正しいステップが決定されている」という哲学的像をめぐる議論にアナロジーとして示唆を与えるものであることは、明らかだろう。我々は「+2」という命令、あるいは算術的な式により、数列の正しいステップが「決定されている」と不明瞭な仕方で語り、哲学的像を提示する。ところが、この像を知らず知らずのうちに、物理的な決定、すなわち人々が教育によって一致して同じ答えを出すように「決定されている」ようなケースをモデルとして、この決定を理解し、数列は計算間違いや、人間の計算能力の限界を超えて、神秘的な仕方で決定されている、という結論を引き出してしまう、というのがウィトゲンシュタインの「規則の問題」に関する診断なのである。

4 「規則の問題」の治療

前節で見た「規則の問題」の診断を受けて、ウィトゲンシュタインが与える「治療」は、「決定」という語が使用される言語ゲームの現場に目を向けること、である。

「だが、私は自分がいま（理解の際に）していることが、将来の使用を因果的、経験的に決定している、と言いたいのではない。そうではなく、私が言いたいのは、何らかの奇妙な仕方でその使用自身がある意味で現存している、ということなのだ。」——もちろん、「何らかの意味では」そうだ！　そもそも、君が言っていることで間違っているのは、「奇妙な仕方で」という表現だけだ。残りは正しい。そして、ある文が奇妙に思われるのは、その文に対してそれを我々が普段用いているときとは異なる言語ゲームを想像するときのみなのである。（…）（PI 195）

言葉の使用を理解し損ねると、それは奇妙なプロセスを表現するものと解釈される。（時間を奇妙な媒体と考えたり、心を奇妙な存在者と考えたりするように。）（PI 196）

「$y = x^2$」は与えられたxの値に対してyを決定する、と言うとき、そこで話題となっているのは、記号体系の性質である。このような「決定」に関する言語ゲームを思い出せば、そこでは計算間違いや、人間の計算能力の限界などは無視されているのであって、神秘的に計算間違いや人間の限界を超えた「決定」が話題になっているわけではないということは、明らかに理解できる。

規則の問題が解消される仕方を確認しておこう。まずは問題の診断から。規則の問題とは「+2」のような表現の使用の正しさを決定するものが何もないように思われるという問題であった。ウィトゲンシュタインの診断は、そのように問題が提示されるとき、そこでの「決定」は不明確であり、その問題は哲学的像でしかない、というものである。我々は「+2」という命令に従うと、「1000」の次は「1002」が正しいと「決定されている」と言う。それだけなら、単に像を提示しているだけであり、この「決定」をどのようなモデルで理解するべきかは、まだ決まっていない。ところが、我々はこの「決定」を知らず知らずのうちに物理的決定のモデルで把握してしまう。他方、その「決定」においては計算間違いや人間の計算能力の限界は問題とならない、ともされている。従って、この「決定」はそれらを超越した何か神秘的なプロセスであるように思われてしまう。そして、もちろん、そのような神秘的なプロセスを想定することは、受け入れがたいとも思われる。そのため、この像とモデルのペアにとらわれている哲学者は、そのような超越的な「決定」を説明する神秘的プロセスを認めるか、そのようなプロセスは奇妙なものとして却下し、数列は「決定されていない」と考えるのか、の二択を迫られているように思われてしまうのである。

そして、このような診断を受けてウィトゲンシュタインが与える治療は、そのような二択の問いに欠陥があるということに気がつき、「決定」という語が用いられる日常の言語ゲームを思い出させることである。「$y = x^2$」は与えられたxの値に対してyを決定する、という意味で「決定」について語る言語ゲームを思い起こせば、「+2」という命令によって「1000」の次は「1002」だと決定されていると語ることに、何も神秘的なところはない。規則の問題は「決定」の不明確さに気づかずにその問題に答えようとすることから生じるのであり、その問題を問題として成立させるような適切なモデルが手元にない、ということに気がつけば解消される（PI 192）。すなわち、「計算という行為に関する人々の教育による決定」のモデルも、「計算体系における変項の値の決定」のモデルも「「+2」という表現の使用の正しさは何によって決定されているのか」という哲学的な問いを成立させるものとはならない。こう考えて、ウィトゲンシュタインは議論を進めているのである。

ここで更に、「「$y = x^2$」は与えられたxの値に対してyを決定する」とか、「「+2」という命令が記号体系として「1000」の次は「1002」だと決定する」とかいうのはいったいどういうことなのか、と疑問に思われるかもしれない。この疑問に対するウィトゲンシュタインの答えは、それは実践の中で我々がそのような記号を使用する**技術**を習得していることだ、というものである（PI 199, 202）。すなわち、計算をするという我々の実践があり、その中で例えば「+2」という記号を正しく使用する技術を我々が習得しているということ。これにより、記号体系による決定が成立していると考えれば、そこには何も奇妙なところはないのである。[3]

もちろん、ここには更に考えるべき点もある。一つの疑問は、どのような使用技術もそれが使用技術である限りで正しいものとして認められねばならないのか、ということである。「+2」という表現の使用に関して言うと、「1000」の次に「1002」と書く我々のやり方も「1004」と書く『探究』一八五節の生徒のやり方も「+2をせよ」という命令に反応する技術であり、正しいものとして認めなければならないのだろうか。だが、そうだとするとそれは「なんでもあり」ではないだろうか。

ウィトゲンシュタインは「なんでもあり」を認めることになるのか、というこの疑問への答えは第6章で更に詳しく論じるが、ここでは言葉の使用技術は生活の中に位置づかなければならないとウィトゲンシュタインが考えているということを再度、指摘しておきたい。『探究』でウィトゲンシュタインは次のように言う。

> 文のような形をしたものであればどんなものであれ、我々はそれで何をすればよいか知っているというわけではない。あらゆる技術が我々の生活において使用を持つわけではないのだ。そして、哲学においてまったく役に立たないものを命題に分類したくなるのは、しばしば我々がその適用を十分に考察していないからである。(PI 520)

前章で言語ゲームという概念について論じたときにも述べたが、ウィトゲンシュタインは言葉を使用することは一つの活動であり、それは我々の実践、生活を背景として成立すると考えている。「+2」のような記号を使用する計算技術であれば、それを「計算」として成立させる背景となる生活の場が必要なのであり、どのような使用技術も「正しい計算」として認めなければならないわけではないのである。

5 「規則の問題」は規則を主題としていない

ところで前節の議論を見てもわかるように、ウィトゲンシュタインの議論は「規則」という観念にまったく言及することなく述べることができる。ではなぜこの問題が「規則の問題」と呼ばれるのだろうか。

それは標準的な解釈において「言語は規則に支配されている」という見解がウィトゲンシュタイ

3　この記号体系として「+2」の使用の正しさが決定されているとは、そのような技術に基づいて実践が遂行されていることだ、というウィトゲンシュタインの主張の身分はどのようなものなのだろうか。それは、一つの有益な哲学的像であると考えるのが、もっともよい。我々はこの像により、言語使用の重要な側面に目を向けることができ、規則の問題をもたらす像とモデルのペアへの固執から解放されうるのである。

ンに帰され、そのことを前提として『探究』の問題の箇所が論じられるからである。そのような標準的な解釈の例として、ピーター・ハッカーとハンス・グロックという二人の世界的なウィトゲンシュタイン研究者からの引用を見てみよう。

> 「規則に従うこと」は言語という制度の基礎である。言語を学ぶこととは規則に支配された表現の使用の技術を習得することである。表現の意味を理解するとは、それを正しく使用できるようになることである。ひとは、自分が知りもしなければ理解もしていない規則に従うことはできない。従って、表現の意味を決定し、構成する規則が知られておらず、将来の発見を待っている、などということはありえない。(Hacker 2001, p.59)

表現の言語的意味は一般的規則に依存している。ウィトゲンシュタインはここで「文法規則」という言い方をする。これはミスリーディングである。というのも、ウィトゲンシュタインが念頭に置いているのは、学校文法的規則や構文論的規則(だけ)ではなく、意味論的、論理的規則だからである。これらの規則は表現の正しい使用の標準を与える。そして、そのことによって、その表現を用いて何を有意味に言うことができるのかを決める。ウィトゲンシュタイン的な意味の規範性とは、従って、言語的意味とあるタイプの言語的規則の結びつきに関する特定の主張なのである。ウィトゲンシュタインによると、表現の意味とは、その正しい使用のため

の規則によって決定されるのである。（Glock 2009, p.159）

すなわち、言語は規則に支配されており、言葉を用いて何かを言うとは規則に従うことである。ところが、規則の問題によると規則に従うことの正しさを決定するものが何も存在しないように思われる。従って、これは言語の成立に関わる大問題である。標準的解釈によると、ウィトゲンシュタインはこのように考えて規則の問題を論じているのだ、ということになる。

このような解釈は標準的ではあるが、間違いと言わざるをえない。その理由をきちんと議論すると長くなるが、簡潔に二点述べよう[4]。

第一に、ここまでの議論からするとウィトゲンシュタインは何かが表現の使用の正しさを「決定する」とするような哲学的像から我々を解放しようとしている。従って、この像をいったん受け入れて「表現の使用の正しさを決定するのは規則だ」と答えたうえで「規則に従うこと」という観念が『探究』の問題の箇所において検討されていると考えるのは、ウィトゲンシュタインの議論の趣旨に合わないであろう。

第二に「言語は規則に支配されている」という見解をウィトゲンシュタインに帰すテキスト的な

4　関連する議論としてGlüer and Wikforss（2010）, Hanfling（2002）, 大谷（2014）を見よ。

根拠もない。標準的な解釈においてその見解をウィトゲンシュタインに帰す根拠として引かれるのは、次の一九九節である（Glock 2009, p.164）。

（…）ただ一人の人がただ一度だけ規則に従ったなどということはありえない。ただ一度だけ報告がなされ、命令が与えられ、また理解されるなどといったことはありえない。――規則に従うこと、報告をすること、命令を与えること、チェスをすることは慣習（習慣、制度）である。
文を理解することとは、言語を理解することである。言語を理解することとは、ある技術を習得することである。（PI 199）

この節は、規則の問題を論じた箇所の中心部に位置するような節であり、ここでまさにウィトゲンシュタインは規則に従うことが、言語についての考察の中心に位置するとしているように見えるかもしれない。しかし、そう見えるのは、規則の問題の唯一の主題が規則に従うことであり、その考察を通してウィトゲンシュタインが言語の本質についての考察を与えていると前提にしたときのみである。この節を前提なしに読むと、「規則に従うこと」は「報告をすること」「命令をすること」「チェスをすること」と並列に位置づけられていることがわかる。すなわち、「規則に従うこと」は例えば「報告をすること」のような言語使用と区別され、その上で両者の類似性が問題とされているのである。[5]

またそもそも『探究』一八五節以下の議論において、ウィトゲンシュタインが「規則」という語を考察の中心に据えているわけでもない。[6] そこで主題となっているのは、「+2」という「命令」であり、「規則」という語が登場するのは一九七節からである。そして、二〇六節では「規則に従うことは命令に従うことに類似している（analog / analogous）（PI 206）」と言われており、前半の命令をめぐる議論と後半の規則をめぐる議論は、「別の話だが似ている」という形で整理されているのである。

6　要点のおさらい　「言葉の使用の正しさ」をめぐる哲学的解明

この章では『探究』における「規則の問題」に関する議論を検討した。規則の問題において議論されているのは「言葉の使用の正しさ」がいかにして決まるのか、ということである。「+2」という命令に対して正しく従うならば、「1000」の次には「1004」ではなく「1002」と書かねばならない

5　他に『探究』二〇八節も引かれることがある（Hopkins 2012, p.115）。だが、そこでも「命令」と「規則」は並列的に扱われている。『探究』以外の箇所で、ウィトゲンシュタインに「言語は規則に支配されている」という見解を帰す根拠として挙げられる箇所も、丁寧に読むならば、そのような根拠として決定的とは言えない。大谷（2014）, pp.140-141 を見よ。

6　これは Hanfling (2002), p.62, note. 20 でも指摘されている。

のはなぜだろうか。その正しさを決定するものは何だろうか。

この問題に対し、ウィトゲンシュタインはその「決定」が不明瞭な哲学的像であり、この像を物理的な「決定」のモデルで把握しようとすることで、哲学的問題が生じてくる、とする。そして「決定」についての我々の日常的な言語ゲームをモデルとして描くことで、その哲学的像とモデルへのとらわれから我々を解放しようとするのである。

以上のようにまとめると明らかなように、「規則の問題」は「規則」という概念を用いずとも議論することが可能であり、「規則の問題」の主題は——その名称に反して——規則ではない。標準的解釈においては、「言語は規則に支配されている」という見解がウィトゲンシュタインに帰され、そのことを前提として規則の問題が論じられるが、これは間違いなのである。

中間のまとめ

地に足をつけて立つ

ここまでウィトゲンシュタインの哲学的方法に注目しつつ、『探究』におけるアウグスチヌス的言語像や規則の問題をめぐる議論を見てきた。その際、私は過度に専門的な議論にならないように注意はしたものの、可能な限り厳密かつ明確な議論により、自分の読み方を提示しようと努めてきた。だが、読者の中にはそろそろ「それで？」という疑問を抑えられなくなってきた人もいるのではないかと思う。すなわち、「アウグスチヌス的言語像や規則の問題をめぐるウィトゲンシュタインの議論が、特定の哲学的像とモデルへのとらわれからの解放を目指す明確化となっている、ということはわかった。でも、それで何だというのか。ウィトゲンシュタインのそのような議論は全体としていったい何の意味があるのか」と疑問に思う人もいるかもしれない。

そこで、『探究』の次の話題、私的言語論へと移る前に、ここでこの「それで？」という疑問に答えてみたい。そのため、ここからはシフトチェンジして、厳密さと明確さを捨て、ゆるくおおまかなタッチで大きな絵を描くこととする。[1]

まずは、『探究』の議論がどのような世界に対する見方を与えているのか、ということから考えてみよう。アウグスチヌス的言語像を思い出してほしい。アウグスチヌス的言語像はどのような世界の見方と結びついているのだろうか。それは「一方に言語があり、他方に世界があり、その両者は対応している」という見方である。このような見方を、アメリカの哲学者ヒラリー・パトナムに従って「**形而上学的実在論**」と呼ぶこととしよう(Putnam 1981, p.49/邦訳 p.78)。形而上学的実在論によると、世界とは我々の様々な活動から独立に「とにかくそこにある」ものである。「机の上のコーヒーカップは赤い」という文は、机の上のコーヒーカップは赤いという事態に対応しているし、「水は水素原子二つと酸素原子一つから構成されている」という文は水は水素原子二つと酸素原子一つから構成されているという事態と対応している。あるいは、「3は奇数である」という文は3は奇数であるというイデア的な数の世界における事態に対応しているし、「授業中に私語をするのは悪い」という文は、道徳的善悪のイデア的世界における事態に対応している。このような事態は我々の活動から独立にとにかく成立しているか、していないかであり、成立していれば、その事態に対応している文は真となる。形而上学的実在論によると、このように考えられる。[2]

このように見たとき、規則の問題における「決定」に関する哲学的像もまた、形而上学的実在論へとつながる像だと言うことができる。というのも、この像にとらわれたとき、我々は「+2」の数

1　「おおまかなタッチで絵を描く(paint with a broad brush)」という表現は、Putnam(2004), p.15(邦訳 p.17)から借りた。そこでパトナムはこの表現をクワインに帰している。(パトナムはこの表現をポジティブに、クワインはネガティブに用いている。)

2　ここでは『論考』に従って、「事態」という観念により形而上学的実在論を特徴づけているが、この点については他の選択肢もありうるだろう。関連する議論としてWrenn(2015), chap.5を見よ。

列が、我々の現実の計算活動とは独立に無限の彼方までとにかく決定されている、その数列は神秘的なイデア的実在の世界に「とにかくそこにある」ものだ、と考えるよう導かれるからである。

形而上学的実在論とは、このように世界とはとにかくそこにあるものであり、我々の用いる言語は、真であれば、その世界の中で成立している事態に対応している、という世界の見方である。注意すべきは、形而上学的実在論は、世界の中で本当に存在するものの種類に関する存在論的テーゼに対してはニュートラルだということである。すなわち、イデアやコーヒーカップといった対象を認めるかどうかと、形而上学的実在論を受け入れるかどうかは別のことである。

これまで「**イデア**」と呼んできた対象の存在について考えてみよう。「3は奇数である」と言うとき、「3」という表現はどのような対象を名指しているのか、と問われたとする。この問いへの簡単な答えは、「それは3という数を名指している」というものであろう。ここでアウグスチヌス的言語像と中くらいの大きさの固形物のモデルのペアにとらわれた哲学者は、名指される対象は指差すことのできるような対象でなければならないと考える。だが、我々が経験するこの世界の中で、数自体を指差すことはできない。「3」という表現は数自体ではなく、数字である。数字には複数の種類があり、「3」だけでなく、「三」「Ⅲ」「さん」のどれも同じ数を表す。3という数自体とは、これらの数字によって共通に名指されている対象なのである。

ここで「経験世界の中に指差せるものがないのだとしたら、3という数自体は「心的な指差し」によって名指される神秘的な世界に存在している」と考えるならば、それは「プラトニズム」と呼ばれる哲学的理論となる。この立場によると、数字は経験的世界の対象であるが、数自体はイデア界と言われる神秘的な世界の存在者である。3という数自体――3のイデア――は五感により認識される経験世界の中にあるのではなく、「数学的直観」と呼ばれる神秘的な心の働きによってのみ認識可能な世界に存在している、とされるのである。

同様に、規則の問題に関する「決定」の像にとらわれた哲学者も、「+2」の数列自体が存在するイデア界というものを想定するよう導かれる。すなわち、「+2」の数列を現実に展開するときには、計算間違いや人間の計算能力の限界といった問題が生じうるが、そのような限界を超えたイデア界においてはその数列は神秘的な仕方で無限に決定されている、と言いたくなるのである。

イデア的実在を想定したくなるのは、数のケースだけではない。本書では主題的に論じていないが、道徳的善悪について少しだけ考えてみよう。例えば「授業中に私語をするのは悪い」という道徳的善悪に関する判断を下すとき、この「悪」という語はどのような対象を指しているのだろうか。「机の上のコーヒーカップは赤い」という判断に現れる「机」「コーヒーカップ」「赤」といった語が表す対象であれば、我々は「これ」「この色」といった形で指差して示すことができる。だが、「悪」の場合は、そのように指差して示すことはできないように思われる。

そして、ここに「善悪のイデア」を想定したくなるポイントがある。「悪」に関しては「はい、これが悪だよ。触ると危ないからね」と経験世界の中の対象を指差してその語が表す対象を示すことはできないように思われる。しかし、「授業中に私語をするのは悪い」という判断は正しい。あるいは、もし私語くらいのことで「悪」について語るのは大げさだと思われるとしたら、もっと深刻な悪事のことを思い浮かべたらよいだろう。ウィトゲンシュタイン自身はあるところで、ひどい嘘をつくという例を論じている（LE p.39／邦訳 pp.384-385）。ある人がひどい嘘をついて誰かを深刻な仕方で傷つけたとしたら、「その嘘は悪い」と言わざるをえない。そして、そう言うとき、その「悪」は確かに存在する。それは経験世界の中ではないが、イデア界に存在する。こう考えたくなるのである。

このように数のイデアや悪のイデアを認める立場は形而上学的実在論の一種であるが、形而上学的実在論者が必ずイデア的実在を認めなければならないわけではない。というのも、イデアのような神秘的で奇妙な存在者は認められないと考え、本当に存在するのは「机」「コーヒーカップ」「赤」のような経験世界に現れるものだけだと主張することもできるからである。すなわち、机やコーヒーカップや赤は、「とにかくそこにある」のに対して、3という数自体や道徳的な悪といったものは、何らかの意味で我々が構成したものにすぎない、と考えることもできるのである。

また、逆の方向では、「机」「コーヒーカップ」「赤」のようなものの存在も認められないという立場もありうる。「**物理主義**」と呼ばれる立場の中で極端なヴァージョンを受け入れた場合、本当の意味で存在者として認められるのは、物理学の理論が世界の究極の構成要素として認めるものだけだ、とされる。従って、この立場によると、本当の意味で存在するのは、原子や分子といったミクロの粒子のみだとされる。机やコーヒーカップなどの対象は、人間がたまたまそのような分類を用いているだけで、本当の意味での対象ではない。あるいは、「赤」などという性質も、人間の色覚に依存した性質でしかなく、真の存在者とは言えない。人間の色覚のありようが異なっていたら、誰も「コーヒーカップが赤い」などとは考えないだろう。実際、例えば犬にはこの世界は白黒に見えているわけだから、赤という性質は人間という特定の種に依存したものでしかない。そして、そのような性質はミクロの物理学の理論には登場しないので真の存在者としては認められない。極端な物理主義者はこのように考える。

このように極端な物理主義者は机、コーヒーカップ、赤のような日常的な経験的対象の存在を否定することになるが、それでも形而上学的実在論者でありうる。というのも、自身が本当の存在者として認める領域については形而上学的実在論を受け入れることができるからである。すなわち、原子や分子などのミクロの世界の対象は、「とにかくそこにある」のであって、それに物理学の理論は対応しているのだと考えることができるのである。

このように形而上学的実在論を受け入れるかどうかということと、どのタイプの存在者が本当の意味での存在者だと考えるかということは、別のことである。例えば、イデア的実在を否定するとしても、経験世界については形而上学的実在論を採ることができる。あるいは、コーヒーカップや赤のような日常的な経験世界に現れる対象を真の存在者ではないとするとしても、ミクロの世界については形而上学的実在論を採ることができるのである。[3]
だが、数や道徳的善悪、あるいはコーヒーカップや赤のような存在を否定するとはどういうことだろうか。それは「3は奇数だ」「授業中に私語をするのは悪い」「机の上のコーヒーカップは赤い」といった判断の客観性を否定することだろうか。そうだとすると、それはあまりに乱暴ではないだろうか。
　ここで生じるのは、次のような揺れ動きである。形而上学的実在論により世界を捉えねばならないとなったとき、ある種の領域については非常に奇妙な「世界」を想定しなければならなくなる。すなわち、「+2」の数列が無限に決定されている数の世界とか、何らかの神秘的直観により知られる道徳的善悪のイデア的世界というような神秘的な世界を想定しなければならないように思われるのである。あるいは、極端な物理主義のテーゼに深くコミットしている人であれば、赤やマグカップのような人間の知覚や分類に依存した存在者も奇妙な存在者と思われるかもしれない。このとき、我々はそのような奇妙な世界を想定しなくてよいとする手段を採ることになる。これには色々なやり方があって、例えば実際に人間が計算したところまでしか「+2」の値は決定されておらず、「1000」の次は「1002」だということも、その計算以前には決定されていない、と主張するような非常に厳格な有限主義的立場を採るとか（Wight 1980, 野矢 1999, cf. Dummett 1959）、道徳的善悪は我々の感情や情念から疑似的に実在として構成された一種の投影物だとするとか、[4]様々に洗練された哲学的理論を考えることができる。ところが、このやり方は問題の領域の「実在感」をすくえていないとも思われる。すなわち、「+2」の数列は実際に展開することによって決定されるというような理論は、数学の実在性、従って、客観性を脅かすものと思われるのである（Dummett 1959）。[5]

このように様々な領域ごとに、世界をとにかくそこにあるものと考えるか、そこには本当の意味では世界はないのだと考えるか、の揺れ動きが生じる。ウィトゲンシュタインはこの揺れ動きの中でどちらかの立場を採るということはしない。そうではなく、この揺れ動きの源泉となっている哲学的像への固執から我々を解放するものとして、『探究』のプロジェクトは理解することができる。アウグスチヌス的言語像や規則の問題における「決定」に関する像にとらわれたとき、我々は世界

3　領域ごとに実在論の問題は検討されるという点を強調したのはダメットである（Dummett 1978）。しかし、ダメットは実在論と還元主義を対比させない点で、本書の議論とはやや違う仕方で問題を見ている。なお、物理主義を採りつつ、形而上学的実在論を拒否するという立場もありうる。例えば、クワインは物理主義を採るものの、存在についてはよりプラグマティックな見解を持っている。（Quine 1948, 井頭 2017 参照。）

4　ここで念頭に置いているのはサイモン・ブラックバーンの準実在論（quasi-realism）であるが、ブラックバーン自身は、形而上学的実在論を採っているわけではなく、グローバルにはクワイン的な自然主義で存在というものは説明されると考えている（Blackburn 1988）。なお、ブラックバーンはウィトゲンシュタインの色々な議論を準実在論の先駆として見ている（Blackburn 1990）。

5　倫理に関しては、例えばデレク・パーフィットは倫理に関する規範的真理は実在論的に理解されねばならない、と主張している（Parfit 2011, p.419）。ただし、パーフィット自身もその際に、規範的真理を経験的事実に関する真理と対比することで、倫理の実在性を割り引いてしまっているようにも見える（Parfit 2011, pp.475-487）。パーフィットに対する批判としては、Blackburn（2017）を見よ。

をとにかくそこにあるものとして見る見方へと導かれる。そして、問題の揺れ動きが生じる。これに対して、ウィトゲンシュタインはそのそもそものとらわれから解放され、揺れ動かずに地に足をつけて立つことを目指しているのである。

地に足をつけて立つ、とはどういうことだろうか。それは、個別の実践をよく見ること、である。我々は日常のコーヒーカップに関するやり取りから、高度な科学、数学に倫理といった様々な実践を行っている。我々はそのような実践の中で、言葉を使用し、行為する技術を習得しているのであり、何が「リアル」なもの、実在するものなのかは、そのような技術により判定されるべきことなのである。すなわち、我々は本能的、文化的、社会的に身につけた判断能力を持ち、それにより様々な実践を行っているのであり、その個々の実践を「よく見る」（「考えるな。見よ」（PI 66））こと以外に、何がリアルなのか、実在の世界とは何なのかを理解することはできないのである[6]。

このようなウィトゲンシュタインが与える世界の見方は、形而上学的実在論やその否定に対するオルタナティブとなるような哲学的理論ではない。ウィトゲンシュタインは、世界とは何かということについて統一的説明を与えようとしているわけではない。むしろ、ウィトゲンシュタインのポイントは、そのような統一的説明の追求を拒否することにある。すなわち、統一的説明を探るのではなく、個々の実践をとにかくよく見るよう我々に促すところに、ウィトゲンシュタイン哲学の意義は存する。そして、そのように個々の実践を「よく見る」ことができるようになったとき、我々は自分自身のリアルな生を取り戻し、「よく生きること」ができるようになる。この点は最終章で論じるが、その前に「心」についての哲学的像および相対主義の問題を検討しておこう。

6　ここの議論はコーラ・ダイアモンドの「リアリスティック・スピリット」に関する議論（Diamond 1991）から示唆を得ている。また Putnam (1999), pp.68-69（邦訳 pp.100-101）も見よ。

第4章
私的言語論

1　他人の考えていることはわからない？

ある冬の日。太郎が夕飯の支度をしていると、花子が帰ってくる。太郎は「おかえり。寒かったでしょ。コーヒーでもいれようか」と声をかける。花子は「あぁ」と生返事をするとソファーに座り、そのまま黙り込んでしまう。太郎はそっとコーヒーをローテーブルに置くが、花子はちらっと目をやるだけである。太郎はだんだんと不安になってくる。何か花子を怒らせるようなことをしただろうか。クッキーを一人で全部食べてしまったのは、やっぱりまずかっただろうか。それとも、何か仕事で大変なことがあったのだろうか。太郎は花子の心の中をあれこれと想像し、「どうかしたの？　大丈夫？」と声をかけるが、花子は「別に。なんでもない」と短く返事をするだけである。

このようなとき、我々は「他人の考えていることは、結局のところ、よくわからない」と言いたくなる。花子が太郎に腹を立てているのか、それとも仕事のことで何か心配事があるのか。あるいは、単に口もきけないほど疲れているだけなのか。それは花子本人にしかわからない。太郎は花子の振舞いや言葉、そして沈黙から花子の心の中を推測するしかない。このように思われるのである。

このとき、我々は空間的イメージにより「心」について語りたくなる。すなわち、(1) 我々は物の世界とは区別された特別な領域としての「心の世界」や「心の中」について語り、（2）思考（花子の考えていること）や感情、感覚などの心的プロセスは、その「心の世界」に現れる特別な対象だとする。そして、（3）その心の世界の持ち主、主体は、自分の心の世界に対して直接アクセスできる。思考や感覚は主体にとって直接的な対象、所与である。（4）これに対して、他人は主体の振舞いからその心の世界で何が生じているのかを推測するしかない。心の世界はその持ち主以外の人には「隠された」秘密の世界、私的（プライベート）な領域である。それはいわば塀に囲まれていて家の中からしか見ることのできないプライベートな庭なのだ。（5）従って、この私的領域で生じているプロセスについて語るとき、その言葉は本質的に私的で、他人には伝達不可能な内容を持っている。

このように我々は言いたくなる。[1]

さて、このような心についての語り方は、それ自体としては像である。「心の中」「私的な言葉」といった表現の意味は不明確である。我々は像的に、心を空間的なイメージで語るのである。

そして、そのこと自体に問題があるわけではない。例えば太郎が花子の心の中は隠されていると何気なく考えるとき、心についての何らかの一般的な説明にコミットしているわけではない。

1　私的言語論がどのような心の捉え方をターゲットとしているのかということについては、Hacker（2019）chap.9, Kanterian（2017）, McDowell（1989）などが参考になる。ただし、どれも像への固執というようなモチーフでそのターゲットを定式化しているわけではない。

問題は、この心についての像に固執し、その枠組みに従って哲学的理論を組み上げるときに生じてくる。代表的なのは、デカルトに代表されるような**心身二元論**である。[2] デカルトは、心と物を異なる種類の実体とする。すなわち、心と物は存在者としてまったく種類が異なるとするのである。そのうえで、デカルトは心の世界を本人は直接把握すると論じる。

しかしながら、以前に私がまったく確実で明白であると受け入れていたもので、あとになって疑わしいと気づくにいたったものが、数多くある。どういうものがそうであったか。いうまでもなく、地や天や星、そのほか、私が感覚によってとらえたものがすべてそうであった。しかしそれでは、これらのものについて、何を私は明晰に認知していたのであるか。いうまでもなく、そういうものの観念そのもの、すなわち、意識が私の精神に現れる、ということであった。そして、そのような観念が私のうちにあるということなら、いまなお私は否定しないのである。（デカルト 2002, pp.51-52）

これはデカルトの主著『省察』からの引用であるが、少し議論の文脈を補っておこう。デカルトは、いわゆる方法的懐疑によりありとあらゆる判断を疑う。例えば、いま私の目の前にはコーヒーカップがある。手を伸ばせば、そのコーヒーカップを手に取ってコーヒーを飲むこともできる。これほど近くにあり、はっきりと見たり触ったりしているものについて見間違いや勘違いをしているなどということは考えられないように思われる。しかし、デカルトはこの「いま目の前にコーヒーカップがある」という判断には疑いの余地があると言う。デカルトに言わせれば、我々は夢を見ているかもしれないからである。何かがどんなにありありと現実だと思われたとしても、実は夢を見ているだけであり、次の瞬間に夢が覚めて目の前にコーヒーカップなどなく、手に持っているのは目覚まし時計だった、という可能性を排除することはできない。従って、感覚から得られた信念には疑いの余地がある。こうデカルトは論じる（デカルト 2002, pp.25-27）。

このようにデカルトは疑って、疑って、徹底的に懐疑する。そしてその懐疑の最後に、「考える私」の存在の確実性にたどり着く。すなわち、いま私が夢を見ているのだとしても、「いま夢を見ているかもしれない」と考えているこの私が存在することは確実である、とデカルトは考える（デカルト 2002, p.35）。

デカルトはこの「考える私」の存在の確実性を打ち立てた後で、その確実性をもたらした認識のありようを問題とする。すなわち、考える私の存在が確実だとして、それに関する私の認識のどのような特徴が、その認識を確実なものとしているのだろうか、とデカルトは問う。

2　ただし、デカルト自身は他者の心についての認識論的問題から心身二元論へと向かうわけではない。デカルトが心身二元論を採る根拠は、我々は思考を本質とするものとして自己を身体と区別された形で明晰判明に理解できる、というものである（デカルト 2002, pp.116-117）。

この問いへのデカルトの答えは、「明晰判明さ」というものである。すなわち、考える私の存在が確実なものとして認識されるのは、そのことが明晰判明に認識されるということに基づくのであり、明晰判明さが確実な認識をもたらす特徴だと考えられるとデカルトは論じるのである（デカルト 2002, p.51）[3]。

先の引用はこの議論を受けて、考える私の存在以外に何が明晰判明に認識されているかを問題にしている箇所である。そこでデカルトが言っているのは、知覚されるものがその通りに存在するということは疑わしいが、そのような感覚が自分の意識に現れているということは明晰判明に認識される、ということである。すなわち、「いまコーヒーカップが目の前にある」と判断したならば、夢を見ているという可能性を排除できない以上、この判断には疑いの余地がある。しかし、「コーヒーカップのような知覚が私の意識に現れている」ということは明晰判明に認識されている。このようにデカルトは論じている。デカルトはこの意識に現れるものを「観念」と呼ぶので、デカルト用語を用いて述べると、コーヒーカップの観念が私の意識に現れているということは直接に把握され、明晰判明な認識をもたらしている、ということになる。

このようなデカルトの心身二元論は、先の心についての像に基づいて仕立て上げられた哲学的理論として理解できる。すなわち、心身二元論においては心の世界は物の世界とは形而上学的に区別された意識の世界であり、そこに現れる観念は、主体が直接的に把握する私的な対象である。このようにデカルトは考えているのである[4]。

2　痛みは私的感覚か

ウィトゲンシュタインの心に関する考察は、デカルトの心身二元論のような特定の哲学的理論の批判という形を採らない。ウィトゲンシュタインはここでもそのような理論を必要だと思わせる哲学的像への固執を問題とする。『探究』における「**私的言語論**」は、心についての哲学的像へのこだわりに対する一連の考察の一部として理解できる。すなわち、先に見た心を空間的に捉える哲学的像の一部を構成するものとしての、「心の世界について語る言葉は本質的に私的で、他人には伝達不可能な内容を持っている」という哲学的像をウィトゲンシュタインはそこで吟味しているのである。ここからシフトを戻して、少し丁寧に『探究』の議論を見ていくこととしよう。

3　第三省察におけるデカルトの議論をこのように解釈することについては、Sosa（2009）を見よ。

4　「第六省察」において、デカルトは身体と心としての自己の関係は、船とそれに乗り込む水夫の関係のようなものではないとし、心身は一種の複合体であるとしている（デカルト 2002, pp.120-121）。しかし、いったん心身二元論を受け入れたならば、そのような心身の複合体についてなぜ語ることができるのかは理解しがたいところがある。それでも、デカルトの心身の合一についての考えに依拠しつつ現代において二元論を擁護する（無謀とも思える）試みとして、小林（2009）を見よ。

『探究』二四三節でウィトゲンシュタインは次のようにして「私的言語」の観念を導入する。

ある人が自分の内的体験――自分の感情や気分、等々――を自分のために書き記したり、述べたりすることができる言語というものもまた、想像できるだろうか。――我々は日常言語によってそういうことをできるのではないだろうか。――だが、そういうことを言いたいのではない。この言語の語は話者のみが知りうるものを指示する（sich beziehen）。すなわち、話者の直接的で私的な感覚を指示する。従って、他者はこの言語を理解することができないのである（PI 243）。

ここで私的言語は（1）話者の直接的で私的な感覚を指示する、そしてそのことによって、（2）他人はその言語を理解できない、そのような言語として説明される。

このように言われると、心を「私的な世界」と捉える哲学的像にとらわれている人は、私的言語は当然存在する、と思うだろう。私の心の世界に現れる感覚は私だけのものであり、私的である。従って、この感覚を指示する語は他人には理解できない私的な内容を持つ。このように思われるのである。

だが、私的言語論においても、ウィトゲンシュタインは、そのような言語を想像できるかという問いにダイレクトに「イエス／ノー」では答えない。ここでもウィトゲンシュタインは「私的言語が想像可能である」という哲学的像を明確化し、それが我々のコミットメントに値しうるような形で明確になるかを問題とするのである。すなわち、その哲学的像を明確にする様々なモデルを吟味し、その像が我々の普遍的コミットメントに値するような像となりうるのかを見極めること。これが私的言語論の課題なのである。

私的言語論の観念を導入した『探究』二四三節に続いて、ウィトゲンシュタインは日常的な感覚に関する言語ゲームが「私的言語が想像可能である」という像のモデルとなりうるかを検討する。[5]

例えば、「痛み」のような感覚は私的であり、従って、「痛み」という語は私的言語だと言えるだろうか。ウィトゲンシュタインによると、「痛み」という語を用いる日常の言語ゲームは「私的言語」の観念を明確にするモデルとは言えない。というのも、「痛み」のような語は痛みの叫びのような人間の自然な表出（非言語的な感覚の表現）に置き換えられたものであり、痛みを感じている人の自然な振舞いとの結びつきを保持しているからである（PI 244-245）。

言葉を習得する前の赤ちゃんは、痛みを感じると泣き叫ぶ。例えば、公園で転んだときや保育園で他の園児に引っかかれたとき、赤ちゃんは痛みを感じ泣く。これは本能的で自然な表出である。

5　私的言語論の通常の解釈は、私的言語を否定する何らかの論証を『探究』二四三節以下から再構成するものである（Kenny 2006, Kripke 1982, Pears 1988）。本書のような解釈の先駆としてはCavell（1979）がある。またStern（2011）も見よ。

泣くと、親や保育園の先生などの周囲の大人は「大丈夫？ 痛かったでしょ」と声をかける。

そのようなやり取りの中で、人は次第に「痛い」と言うことで自分の痛みの感覚を表現するようになる。このようにして「痛み」という語を用いる言語ゲームは成立するのであり、「痛み」という語は他人に理解できないという意味で「私的」ではない。赤ちゃんの泣き声から、その赤ちゃんが痛みを感じているということを周囲の大人は理解するように、我々は大人の「痛い」という言葉から、その人が痛みを感じているということを理解するのである。

ここで「そうは言っても、主体は自分の痛みに対して特別な関係に立つ。自分の痛みは直接知ることができるが、他人の痛みは振舞いから推測して、間接的に知るしかない」と言われるかもしれない。すなわち、ある人が「痛い」と言うとき、他人はその言葉からその人が痛みを感じていると知るが、それはあくまでその人の言葉や表情などからの推測に基づく知識であり、自分の痛みのように直接知られるものではない。痛みを感じている本人は、「心の世界」といういわば自分の家の庭で起こっていることを直接見ることができるが、他人はその庭を囲っている塀の向こうから聞こえてくる言葉や音から庭の中で何が起こっているかを推測して知るしかない、というのである。

さて、痛みのような感覚に対して、その痛みの主体と他者では異なる関係に立っている、というのは事実である。例えば、痛みを感じているかどうかに関しては、本人の発言に特別な権威がある。ある人が腹痛を訴えて病院に行ったとしよう。このとき、様々な検査をしても、まったく異常が見つからないからといって、医者は「異常が見つからないので、本当は痛くないはずです」と言うことはできない。患者が不誠実だと考える理由が特になければ、患者が痛みを訴えている以上、痛みの感覚を否定することはできない。医者はその痛みをもたらしている何らかの未知の要因があるはずだ、と考えねばならないのである。

だが、問題は痛みの感覚に対するこのような自他の非対称な関係が存在するかどうかではなく、その関係をどのようなものとして理解するのか、である。ウィトゲンシュタインはこの点について、次のような対話を行う。

> さて、どの点において私の感覚は「私的」なのか。――そうだな、自分が実際に痛みを感じているかどうかを私だけが知りうる。これに対して、他人はそれを推測できるだけだ。――これはある仕方では偽であり、別の仕方ではナンセンスである。我々が「知る」という語を普通に使用されているような仕方で使用するとき（そうでないとしたら、どのように使用すればいいのか！）、他人は多くの場合、いつ私が痛みを感じているのかを知る。――それはそうだ。だが、私自身が自分の痛みを知るような確実さで、他人はそのことを知るわけではない！――そもそも、（冗談などでなければ）私は自分が痛みを感じていると知っているなどと言うことはできない。それは何を意味するのか――私が痛みを感じているということ以外の？
>
> 他人は私の感覚を私の振舞いを通してのみ学ぶことができると言うことはできない。――というのも、私は自分の感覚を学ぶと言うことはできないからである。私はそれを感じるのであ

る。

次のように言うことは正しい。他人に関して、その人は私が痛みを感じているのかどうかを疑っている、と言うことは意味をなす。しかし、私自身についてそのように言うことは意味をなさない。（PI 246）

一段落目と二段落目で言われているのは、問題の非対称性は、「知識」の種類の違いではない、ということである。私は自分の痛みを知覚により直接知るが、他人は私の振舞いや言葉を証拠として間接的に知る、というような直接知と間接知、あるいは非推論的知識と推論的知識の違いによって痛みの感覚に対する自他の非対称的な関係は説明されない。というのも、自己の痛みはそもそも「知られる」ようなものではなく、ただ感じられるものだからである。我々は自分の家の庭で起こる出来事を「知る」ようには、自分の痛みを知るわけではない。痛みを感じることは、庭の梅の木が花を咲かせたことを視覚により知ることとは異なるのである。

これに対して、三段落目で言われているのは、問題の非対称性は「痛み」や「疑う」という言葉の使い方の問題として説明されうる、ということである。「私は自分が痛みを感じているか疑う」という言葉の並びは、我々の普段の言語ゲームにおける言葉の使い方に反しており、ナンセンスとなる。痛みの感覚が特別な意味で私的な世界に現れるからではなく、いわば「痛み」や「疑い」といった概念上の理屈により自己の痛みについての疑いはナンセンスとなる。このようなこととして、問題の非対称性を説明することもできる、とウィトゲンシュタインは言うのである。

ウィトゲンシュタインはこのような言葉の使い方の論理を「**文法**」と呼ぶ(PI 496-500)。ややこしいのだが、ウィトゲンシュタインの言う「文法」は、我々が学校で習う日本語や英語の文法のことではない。そのような意味での文法であれば、「私は自分が痛みを感じているか疑う」という言葉の並びは日本語の文法に反してはいない。ウィトゲンシュタインの意味での「文法」は、言葉の並びが意味をなすかどうかに関わるものであり、一種の「概念の論理(RC I-39, III-106)」のことである。

ウィトゲンシュタインは続く二四八節で次のように言う。

> 「感覚は私的である」という文は「ペイシェンスは一人でするものだ」という文と比較可能である。(PI 248)

ペイシェンスとは一人遊びのトランプゲームのことである。従って、それを二人ですると言うことは意味をなさない。「一人でする」というのは、ペイシェンスという概念を規定する特徴なのである。

二四六節の三段落目から二四八節にかけての議論でウィトゲンシュタインが言うのは、「感覚は私的である」ということをそのような文法の問題として理解することができるということである。[6]
この意味では「痛み」のような語は私的な感覚を名指し、従って、「私的言語」という像を「痛み」という語をモデルにして把握することはできる。しかし、このとき、「痛み」という語が「私的」であるということの意味は、「花子と太郎はペイシェンスを二人でした」という文が文法違反となるように、「私は自分が痛みを感じているかどうか疑う」という文が文法違反となる、ということである。それは、我々の言語ゲームの特徴についての記述であり、例えば心身二元論によって説明されるような形而上学的な事柄ではないのである。

ウィトゲンシュタインは文法についての考察を挟み（PI 251-255）、最後に、「痛み」のような語をめぐる日常の言語ゲームは、「私的言語」のモデルとはならないと結論づける。

では、私の内的体験を記述し、私自身だけが理解できる言語についてはどうだろうか。私はどのようにい、い、い、にして言葉により感覚を指示するのだろうか。――我々が普段やっているようにしてだろうか。そうだとすると、私の感覚語は私の自然な感覚の表出と結びついているのではないだろうか。――その場合、私の言語は「私的」ではない。私と同様に他人もそれを理解できるであろう。（…）（PI 256）

「痛み」のような語は、痛みに関する自然な振舞いと結びついて使用されている。例えば、私が顔をしかめながら「このあたりが痛いです」と言って、腹痛を医者に訴えたとしよう。このとき、「痛み」という語は「他人は理解することができない」という意味では私的ではないのである。

ここで「痛み」という語は、すでに我々の公共的な日常言語の一部であるから、「私的言語」とならないのは当然である、と思われるかもしれない。「痛み」という語はすでに他人に痛みの感覚を伝達するために使用されてしまっているのだから、私的言語とは言えない。しかし、そのような公共的使用をまだ持っていない語によって痛みの感覚を指示すれば、その語は痛みという私的な感覚を意味する私的言語となるのではないだろうか。このように思われるかもしれない。『探究』二五七節で、ウィトゲンシュタインはこの点について次のように述べる。

「人々が自分たちの痛みを外に表さないとしたら（うめいたり、顔をしかめたり、等々としないとしたら）、どうだろうか。このとき、子どもに「歯痛」という語の使用を教えることはできないだろう。」——さて、子どもが天才であり、自分でその感覚の名前を発明すると想定してみよう！——だが、もちろんその語を誰かに理解させることはできない。——従って、その子どもはその名前を理解するが、その意味を誰にも説明できないということになるのではないだろうか。

6　関連する文法のより詳細な記述としては Hacker（2006）を見よ。

――だが、「自分の痛みを名指す」とはいったい何のことなのだろうか。痛みを名指すということを、その子どもはどのようにして行ったのか!? そして、その子が何をするのだとしても、どのような種類の目的をその語は持っているというのか。――「その子どもは感覚に名前を与えた」と言うとき、人は、それにより単に名指すことが意味を持つためには、すでに多くのことが言語において用意されていなければならないということを忘れてしまっているのだ。そして、「ある人が痛みに名前を与える」と語る際には、「痛み」という語の文法がそこでは準備されているのである。文法は新しい語が置かれる場所を示しているのである。(PI 257)

いま人間は痛みを一切外へ出さないと想定してみよう。頭痛や腹痛を感じても、人々はうめいたり、顔をしかめたりしないのである。もちろん、「痛み」という言葉も一切使われることはない。というより、人々の語彙に「痛み」にあたる語がないのである。この想定はすでにかなり理解しがたいところがあるが、ここで更に、ある子どもが自分で痛みの感覚に対する名前を発明する、と想定してみる。もしこの想定が成立するならば、その名前は痛みの自然な振舞いと一切結びついていないため、他人には理解できない「私的言語」だということになるだろう。

だが、問題はその想定が成立しないということである。というのも、ある語が痛みという感覚の名前である、すなわち痛みの感覚を名指すとは、結局のところ、その語を痛みの感覚を伝えるために使用するということだからである。ある語が痛みという感覚の名前として機能するためには、そが痛みの感覚を名指す」と想定することなどできないのである。

このようにウィトゲンシュタインは「私的言語が想像可能である」という哲学的像のとりわけ「私的」という観念を明確にするモデルを吟味する。まず第一に「痛み」のような日常言語の語を用いる通常の言語ゲームは、我々の形而上学的衝動を満たすような仕方で、そのようなモデルとなることはできない。その言語ゲームは「私的」をせいぜい文法的なものとして理解させるか、そもそも「痛み」という語は「私的」ではないとするかである。いずれにしても、ウィトゲンシュタインによると、心身二元論のような哲学的理論を要求するような仕方で「私的言語」の観念に中身を与えることはできないのである。

そして第二に、痛みという感覚の名前を自分で発明する天才児のケースのような、痛みの感覚に関する通常とは異なる言語ゲームを想定し、それを「私的言語」のモデルとすることもできない。そもそものような想定は成立せず、従って、そのようなモデルを与えることはできないのである。

ここで痛みの感覚のような誰もが経験している感覚を指す語によって私的言語を与えようとするからうまくいかないのだ、と思われるかもしれない。すなわち、痛みの感覚とは多かれ少なかれ誰もが経験するものであり、すでに我々の言語にも「痛み」という語が用意されてしまっている。このため、痛みの感覚を指示する語は、この「痛み」という語と同じように使用されることを要求されてしまう。これが、痛みの感覚を指示する語が私的言語とならない理由であり、私的言語のモデルを求める試みは、まったく未知の感覚に向かわねばならない。こう思われるかもしれない。
この考えを扱うのが、有名な感覚日記の例である。節を改めて、感覚日記に関するウィトゲンシュタインの議論を見ていくこととしよう。

3 感覚日記

前節で引いた『探究』二五七節に続いて、二五八節でウィトゲンシュタインは**感覚日記**と呼ばれる思考実験を行う。まずは二五八節を確認しておこう。

次のようなケースを想像してみよう。私はある感覚が生じるたび、日記をつける。このために、私はその感覚を「E」という記号と結びつけ、カレンダーのその感覚が生じた日にその記号を書く。――まず注意したいのは、その記号の定義を表現することはできない、ということである。――だが、私は自分自身にはある種の直示的定義を与えることはできる！――どのようにして？　私は感覚を指差すことができるだろうか。――普通の意味ではできない。しかし、私は記号を口にする、もしくは書く、そしてその際に注意をその感覚に集中させる。――従って、いわば内面においてその感覚を指示するのだ。――しかし、その儀式は何のためのものなのだ。だって、それは儀式にしか見えないではないか！　定義は記号の意味を定めるのでなければならない。——そうとも、まさに注意を集中することで、記号の意味が定まっているのだ。というのも、それにより、私は記号と感覚の結びつきを自分に刻印するのだから。——「私は結びつきを自分に刻印する」は、そのプロセスにより私は将来、その結びつきを正しく思い出すようになる、ということを意味しているのでなければならない。しかし、目下のケースでは私はまだ正しさの基準を持っていない。ここで人は次のように言いたくなる。正しいとは、何であれ私に正しいと思われることである。そして、それは単にここでは「正しい」を問題にすることができない、ということである。（PI 258）

ある人がある感覚が生じるたびに、「E」とカレンダーに書きつける。これは痛みのようなすでに日常言語に名前を持つ感覚ではない。また、顔をしかめるとか、うめくとかいった振舞いによってその感覚が表出されるわけでもない。「E」という語は、ただその感覚との結びつきによってのみ、意味を持つ。こう想定されている。[7]

もしこの想定が成立するなら、「E」が指す感覚は話者のみが理解する感覚であり、「E」は「私

7　『探究』二五六節の引用を省略した箇所で、名前と感覚を結びつけることのみで成立する語の可能性が問われており（PI 256）、二五七節と二五八節はこの可能性の二つのヴァージョンを検討していると考えることができる。

的言語」だと言える。問題はそのような想定が意味をなすのか、すなわち「E」が感覚の名前だと言うことに中身があるのか、ということである。

「E」を公共的な多くの人にわかる言葉によって定義することで、「名前」とすることはできない。例えば、いま「F」という感覚をそのような定義によって導入することとしよう。せっかくなので、あまりトリヴィアルな例ではなく、ちょっと思想的な深みのある例にするとして、「F」は自己の死について考えるときに感じる、なんとも言えない嫌な感覚の名前である」と定義することとしよう。この感覚はおそらく多くの人がそれなりの実感を持って理解できるだろうし、こういう感覚をまったく持たない人でも、説明されればそのような感覚が存在することは理解できるはずである。[8]そして、この「F」という語に関する使用を考えることもできる。例えば、「多くの人は日常のふとした瞬間にFを感じるが、すぐにそれをはらいのけ、また日々の忙しい活動に戻ってしまう」と言われれば、「確かにそうだ」と思えるだろう。

このように公共的定義によって導入された「F」という語は、他者に理解可能であり、「私的言語」とはならない。「E」という語を私的言語とするには、公共的定義によってではなく、私的定義によって「E」と感覚を結びつける必要がある。ウィトゲンシュタインの対話者は、「E」と書くときに注意をその感覚に向けるという仕方でそのような私的定義を与えることができると主張する。指差しによって「これを「N」と呼ぶ」と語の定義を導入することを「直示的定義」と言うが、指差しの代わりに注意を向けることでいわば心的な直示的定義を行うことができる、と対話者は考える。この心的な直示的定義は、本人にしか理解できない私的定義であり、従って、この定義により「E」は私的言語として成立する、と考えられているのである。

これに対してウィトゲンシュタインは、注意を向けることは儀式以上のものにはならず、「**私的直示的定義**」は空虚だと応じる。ウィトゲンシュタインによると、注意を向けることによって「E」に意味を与えることはできず、このため「E」を感覚の名前として考えることはできないのである。

さて、ここで考えなければいけない点は、ウィトゲンシュタインはなぜ私的直示的定義を空虚なものとして退けるのか、ということである。ウィトゲンシュタインはどのような議論をしているのだろうか。

この点については膨大な先行研究があり、様々な解釈者が様々な説明をしている。だが、それらの先行研究を細かく検討する作業は別の機会に譲り、ここでは私が正しいと考える読み方を単刀直入に提示することとしよう。[9]

8 夏目漱石は「代助はアンドレーフの『七刑人』の最後の模様を、此処まで頭の中で繰り返してみて、ぞっと肩を縮めた。こう云う時に、彼が尤も痛切に感ずるのは、万一自分がこんな場に臨んだら、どうしたら宜かろうという心配である。考えると到底死ねそうもない。と云って、無理にも殺されるんだから、如何にも残酷である。彼は生の慾望と死の圧迫の間に、わが身を想像して、未練に両方を往ったり来たりする苦悶を心に描き出しながら凝と座っていると、背中一面の皮が毛穴ごとにむずむずして殆ど堪らなくなる（夏目 1984, p.47）」と記述している。

9 先行研究のサーベイとしては Stern (2011) を見よ。

ウィトゲンシュタインが私的直示的定義を退ける理由は、それが定義を成立させる環境を欠いている、というものである。[10] 定義のプロセスは「そのプロセスにより私は将来、その結びつきを正しく思い出すようになる、ということを意味しているのでなければならない（PI 258）」と言われていた通り、定義とは「E」の「正しい使用／間違った使用」の区別を与えるものでなければならない。すなわち、定義は「E」の使用の正しさを定めるものでなければならない。単にときどき「E」と言いたくなる、というだけでは「E」は感覚の名前とは言えない。「E」がそのような仕方で定義されるには、「E」を使用する実践がその使用の背景として用意されていなければならない。ところが、「E」の私的直示的定義は、まさにそのような実践的背景、すなわち生活の場、から切り離されて「E」を定義しようとするものなのである。

　定義が成立するためには実践的背景が必要だ、という論点は自明とは言い難いところがあるので、もう少し説明しておこう。[11] 例えば、授業中に私が目の前の教卓を指差して、「これを「シゲル」と呼ぶ」と直示的定義を与えるとしよう。このとき、この場面だけを切り出したとしたら、その定義の内容は理解されない。というのも、「これ」ということで私が何のことを意味していたのかということとは様々に解釈できるからである。

　もっとも自然な解釈は、目の前にある教卓のみを指す固有名詞として「シゲル」という語を定義したという解釈だろう。しかし、そのように解釈しなければならないわけではない。例えば私は「シゲル」を一般名詞として用いていて、その型の教卓を一般的に「シゲル」と呼んでいるのかもしれない。この場合は隣の教室にある同じ型の教卓も「シゲル」だということになる。あるいは、私は色の名前として「シゲル」という語を定義しているのかもしれない。この場合は、教卓だけでなく、同じ色をしている学生用の机も「シゲル」色だということになる。(サクラクレパスは歌手の松崎しげるの肌の色のクレヨンとして「まつざきしげるいろ」のクレヨンを発売していたことがある。)

このように「これを「シゲル」と呼ぶ」という指差しによる直示的定義の場面だけ取り出しても、その解釈は定まらない。直示的定義に内容が与えられるためには、固有名詞としての「シゲル」の使用が問題となっているのか、あるいは、一般名詞や色の名前としての使用が問題となっているのか、という状況が必要であり、ひいては、何かを固有名詞や一般名詞で呼んだり、色の名前を区別したりといった実践がその背景として必要なのである。

ところが、そのような背景となる実践から切り離され、話者のみが理解できる名前として「E」は導入されると想定されていたのであった。「E」は実践から切り離された名前でなければならないのだが、そうだとすると「E」を定義するという試みは空虚となってしまう。これがウィトゲンシュタインのポイントなのである。

この読み方が正しいと考えられる根拠を二点示しておこう。第一には、感覚日記の例が論じられ

10 同様の方向の解釈として、McGinn (2013), pp.157-160 や Wrisley (2011) がある。
11 ウィトゲンシュタイン自身は『探究』二一七―三八節で論じている。

る直前の二五七節で論じられていたのは、先に見たように、痛みという感覚の名前を発明する子どもという想定が成立しないのは、そこで名前を成立させるための環境としての言語ゲームが用意されていないからだ、ということであった。従って、同様のポイントにより、「E」も名前として成立しない、とウィトゲンシュタインが論じていると解釈するのは、もっとも自然な読み方である。[12]

第二に、私的言語の規則と規則の印象に関する短いコメントを挟んだ後（PI 259）、二六〇節では、「E」はその使用の実践的ポイントを欠く、と論じられている。この箇所は、私的直示的定義に何が欠けているために、それが定義として成立しないのかを説明しているものとして理解できる。すなわち、「E」を名前として使用する実践的ポイントが、定義を成立させる環境として必要であるのに、私的直示的定義にはそれが欠けている、と二六〇節でウィトゲンシュタインは論じているのである。

4　私的言語論の特徴

最後にここまで見てきた私的言語論におけるウィトゲンシュタインの議論を振り返り、その特徴を確認しておこう。ウィトゲンシュタインは「私的言語」という観念を明確な内容を持つ観念としたうえで、それを論駁し、退けるわけではない。ウィトゲンシュタインは、それを不明瞭な像であると考え、それを明確化する様々なモデルを吟味する。ウィトゲンシュタインによると、「痛み」のような日常言語の語を用いる通常の言語ゲーム、痛みの感覚の名前を発明する天才児のケース、感覚日記のどれも、我々の形而上学的衝動を満たす形で「私的言語」のモデルとはならないのである。

ここで指摘しておきたい私的言語論の特徴は、第一に、これまで見てきた『探究』の他の箇所と同様に、ウィトゲンシュタインは明確な内容を持つ主張や理論を論駁しているわけではない、ということである。とりわけ、ウィトゲンシュタインは「私的言語が想像可能である」という主張を決定的に論駁する論証を与えているわけではない。実際、スタンリー・カヴェルも指摘するように、ウィトゲンシュタインは『探究』のどこにおいても「私的言語は想像不可能である」と結論づけてはいないのである（Cavell 1979, p.344）。

ウィトゲンシュタインが行うのは、あくまで「私的言語」という像を明確化し、それが我々の形而上学的衝動を満たす形で、すなわち、心身二元論のような哲学的理論による説明を要求するような形で、理解されうるかを吟味することである。ウィトゲンシュタイン自身は、もちろん、そのような吟味を通して読者が私的言語が想像可能であるという像への固執を放棄することを望んでいる。だが、ウィトゲンシュタインはその決定的論証を与えるのではなく、終わりの定まっていない吟味へと我々を導くのみなのだ。

12　この点は Wrisley（2011）, p.87 で指摘されている。

ここで注意したいのは、「決定的論証が目指されていない」と言うことは、「論証がまったくない」と言うことではないという点である。というのも、個々のモデルを吟味する際には、論証が行われているからである。例えば、感覚日記のモデルの吟味において私的直示的定義が退けられるとき、定義が満たすべき条件を私的直示的定義は満たしていない、ということが論じられている。そして、これはまさしく論証である。ウィトゲンシュタインの哲学が、明確化を通した治療である、とするからといって、そこで論証が何の役割りも果たしていないと考える必要はないのである。

私的言語論に関して指摘しておきたい第二の特徴は、文法の役割りに関わる。私的言語論においては、文法の記述は重要なポイントで現れる。例えば、痛みのような感覚に対する自他の非対称的な関係を説明するものとして文法が示されている。あるいはまた、私的直示的定義をめぐって論じられる「定義がそれを成立させる背景を必要とする」というポイントも文法的な事柄だと言うことができる。このような文法に訴える議論は、像の明確化を通した治療としてウィトゲンシュタインの議論を読む場合に、どのような位置づけを与えられるのであろうか。

この問いへの答えは、文法の記述はウィトゲンシュタインの治療の重要なステップであるが、最終的権威を持つものではない、というものである。ウィトゲンシュタインは私的言語の観念が、文法違反であるとしてただちに退けているわけではなく、文法の記述は不明瞭な像を明確にする一つの仕方に関わるにすぎないのである。[13]

5　要点のおさらい　私的言語をめぐる哲学的解明

この章では『探究』における私的言語論を検討した。通常、私的言語論は「私的言語が存在する」というテーゼを論駁し、それを通して、心身二元論のような哲学的理論の批判を目指すものと考えられている。しかし、『探究』の議論を丁寧に見るならば、ウィトゲンシュタインの議論はここでも対話的であり、そのような「テーゼ」や「理論」をターゲットとしたものではない。ウィトゲンシュタインが目指すのは、心に対する我々の見方、哲学的像を明確化し、吟味することである。すなわち、我々はついつい心の世界を主体だけが覗き込めるプライベートな庭のようなものとして捉え、心についての言説は主体だけが理解できる私的な言語となると考えてしまうのである。

これに対して、ウィトゲンシュタインは、そのような哲学的像の一部としての「私的言語」の観念を明確化するモデルを様々な仕方で吟味する。ウィトゲンシュタインによると、心身二元論のような哲学的理論を要求するような仕方で我々は「私的言語が存在する」という像を明確化することはできないのである。私的言語論においても、ウィトゲンシュタインのアプローチは対話の中で

13　文法の記述に最終的権威を与えるようなウィトゲンシュタイン解釈としては、Glock（1991）, Hacker（2013）, Schönbaumsfeld（2010）などがある。この種の解釈に対する批判としては、Ohtani（2016）を見てほしい。

我々をとらえる哲学的像とモデルのペアへの固執から我々を解放しようとするというものなのである。

第5章

二元論と科学主義の間で

1　物的一元論と心身二元論

「心の哲学」とは心について検討する哲学の一分野である。いま私が講義をしているとしよう。私はチョークで黒板に哲学的論証を書いている。（いつものように！）熱心に説明しているので、つい力が入り、チョークを黒板に強く押し付け、チョークを折ってしまう。私は「しまった、しまった」と言いながら、新しいチョークを取り出し、板書を続ける。ごくごく普通の光景である。

ふと見ると、前列の学生が机に突っ伏して寝ている。そう言えば、今日は午後に英語の試験があると誰かが言ってたな。たぶん、夜遅くまで試験勉強をしていたんだろう。私は腹を立てる。私がこんなにいい話をしているのに、何を寝てるんだ。英語なんかより哲学の方が人生にとってはるかに重要じゃないか。だいたい、試験の前日になってがんばったって遅いのだ。私は学生に歩み寄り、「何を寝てるんだ！」と怒鳴りながら学生の腕をつかみ、力まかせに折ってしまう。

もちろん、実際には私はこんなことはしない。英語より哲学の方が人生にとって重要だという信念は確かに持っているが、私は学生が寝ていたとしても、——ちょっと傷つくけれども——別に腹を立てたりはしない。[1] また、そもそも人間の腕をへし折るような腕力は私にはない。

だが、それはそれとして、チョークを折ることと、人間の腕を折ることとの違いは何であろうか。違いは確かにある。チョークを折ったとしても――大学の備品なので、あんまりたくさん折るとちょっと問題になるかもしれないが――大きな問題にはならない。実際、私は筆圧が強すぎるようで、ときどきチョークを折ってしまうが、それで何かが問題になったことはない。これに対し、学生の腕を折ったら大問題になるだろう。大学の規定がどうなっているか正確なところは確認していないが、たぶん解雇されるだろうと思う。それに、そもそも警察に逮捕されるはずである。チョークを折ることと人間の腕を折ることに何も違いがないと思う人はいないだろう。問題は、この違いがどこからくるのか、ということである。

この問題への答えは、さしあたり、チョークは「単なる物」であるのに対して、学生は人間であり、「心を持つ存在者」だというものである。もちろん、人間にも「物」としての側面はある。人間の身体はタンパク質や脂肪でできていて、究極的には原子の集まりにすぎない（鈴木 2015, pp.13-20）。だが、人間は単なる物ではなく、心を持つ存在者でもあり、何かを考えたり、感じたりといった心の働きを備えている。従って、例えば、腕を折られたら痛みを感じる。この点で、チョークのような単なる物とは違う。

1　再び、この本を読んでいるかもしれない私の授業の受講生のための注。授業中に寝ていいというわけではないです。寝ていたら単位を取れないような内容のある授業を私は目指しています。念のため。

心の哲学においては、この「心」とは何かということが問題となる。人間は心を持つ存在者であり、チョークは単なる物である。だが、「心を持つ」とはどういうことだろうか。机や椅子、あるいは人間の腕や足といった対象と違い、心とは「はい、これが心だよ」と指差して説明できるような対象だとは思われない。では、心とはいったい何なのだろうか。

よくある心の哲学の入門書は、ここで物的一元論と心身二元論という二種類の立場の対立を導入する。[2] **物的一元論**とは、物とは区別された存在者、実体、としての心というものを認めず、人間の心の働きは究極的には物の働きとして理解できる、と考える立場である。物的一元論には色々なヴァージョンがあるが、例えば**行動主義**という立場によると、「心の働き」と呼ばれているものは、実は人間の振舞い、行動のパターンのことである。例えば、ある人が喉が渇いているという心の状態にあるとは、その人がペットボトルのお茶を飲むとか、冷蔵庫からビールを取り出すとか、といった行動の傾向を持つということである。

あるいは、現在主流の物的一元論としては**機能主義**という立場があり、この立場によると、「心の働き」と呼ばれているものは、人間の身体、とりわけ脳が持つ機能として説明することができる。物は様々な機能、働きを持つ。例えば、チョークであれば黒板に字を書いたり、絵を描いたりといった機能を持つ。チョークは比較的単純な機能しか持たないが、スマートホンはもっと複雑な機能を持ち、メールを送ったり、インターネットを検索したり、ゲームをしたりといった機能を持つ。そして、人間の脳は更に複雑な機能を持ち、思考したり、知覚したり、痛みを感じたりといった機能を持つ。だが、脳は複雑な機能を持つとしても、結局のところは「物」であり、思考、知覚、感覚といった「心の働き」は脳という「物」の機能、働きとして理解可能である。人間の脳が非常に複雑な機能を持つからといって、自然科学では説明がつかない「魂」のようなものを想定する必要はない。それは、スマートホンが複雑な機能を持つからといって、「スマートホンの魂」を想定する必要がないのと同様である。機能主義によると、人間は「単なる物」ではないかもしれないが、結局のところは「非常に複雑な機能を持つ物」として理解可能なのである。[3]

物的一元論に対して、心身二元論は前章でも見た通り、心と物は異なる種類の存在者だと考える。心身二元論によると、人間の心の働きは物の働きとして説明しつくすことができない。人間の心とは自然科学では説明しつくすことのできない独特の存在者、「魂」なのである。

本章で考えてみたいのは、このような心の哲学における標準的な構図の中で、ウィトゲンシュタインの心についての考えはどこに位置づくのかということである。前章ではウィトゲンシュタインの私的言語論が心身二元論による説明を要求するような哲学的像を批判するものとして理解できる

2 例えば、金杉（2007）, Kagan（2012）, chap.2 などを見よ。
3 厳密に言うと、機能主義は心の働きを担う存在者の形而上学的身分に関して中立的なので、心身二元論とも両立する。しかし、現代の機能主義者は心の働きを担うのは脳状態であるとし、物的一元論を支持するものとして機能主義を考えている。

と論じた。すると、ウィトゲンシュタインは物的一元論を採っているということになるのだろうか。この点についてウィトゲンシュタインは『探究』三〇八節で、物的一元論の一つである行動主義を取り上げ、次のように言う。[4]

心的プロセスや状態と行動主義に関わる哲学的問題は、いったいどのようにして生じてくるのだろうか。——最初の一歩は、まったく目立たない。我々はプロセスや状態について語り、その本性を未決定のままにしておく！　たぶん、そのうちそれについてもっと多くのことがわかるだろう。——こう我々は思う。しかし、まさにこのことによって我々は特定の物の見方を固定してしまう。というのも、我々は「あるプロセスをより詳しく知るようになる」とはどういうことかについて特定の考えを持っているのである。（手品師のトリックの決定的なステップはすんだのである。ところが、そのステップはまったく問題のないものに思われるのである。）——そうなると、我々の思考を理解可能なものとするはずだったアナロジーが崩れる。そのため、我々は未だ究明されていない媒体における未だ理解されていないプロセスを否定せねばならなくなる。すると、我々は心的プロセスを否定したように思われてくる。だが、もちろん我々は心的プロセスを否定したくはないのだ！（PI 308）

この箇所は何を言っているのかわかりにくいが、哲学的像とモデルという概念を用いて整理するとよく理解できる。ウィトゲンシュタインはここで、我々が特定の哲学的像とモデルのペアにとらわれることで、行動主義にまつわる哲学的問題に陥るという診断を下している。ウィトゲンシュタインの診断を五つのステップに整理してみよう。

まず第一のステップにおいて、我々は心の状態やプロセスというものについて語る。ウィトゲンシュタインがこの『探究』三〇八節の直前で論じているのは記憶なので、記憶を例として考えよう(PI 305-306)。我々は哲学をしている際に「記憶とは一種の心的プロセスである」というようなことを言う。このとき、我々は「プロセス」ということの中身を明確にしないまま語っている。すなわち、我々は哲学的像を提示している。

ところが、第二のステップにおいて、我々は知らず知らずのうちに、典型的な「プロセス」について語る場面をその像を理解するためのモデルとして用いてしまう。すなわち、例えば、砂糖が水に溶けるプロセスのような、観察可能で指差せるようなプロセスをモデルとして、「記憶とは一種の心的プロセスである」という哲学的像を把握してしまう。すると第三に、我々はこのモデルの(疑似)論理に導かれ、記憶という心的プロセスも何らかの意味で観察可能でなければならないと考え

4　ウィトゲンシュタインは「行動主義」で心理学における行動主義および、そこから影響を受けた『心の分析』におけるラッセルの心の哲学を念頭に置いているように思われる。ただし、ラッセル自身は行動主義者というわけではない。詳しくは Hacker (2019), pp.127-142 を見よ。

てしまう。

ところが、第四に、自分の心を振り返ってみても、実際には観察可能で指差せるような「記憶」のプロセスなど見つからない。例えば、自分の誕生日を記憶しているとはどういうことだろうか。それは例えば、契約書の「生年月日」の欄に誕生日の数字を書き込むことができるということである。「生年月日」の欄を埋めるとき、我々はごく自然に数字を書き込むのであって、その際に、何か特定の観察可能なプロセスなど生じていない。

記憶していることを思い出すのが難しいケースではどうだろうか。例えば、街角で昔に流行した歌を耳にして「なんだっけこの曲」と思い出そうとするとき、我々は意識を集中させ、顔をしかめたり、ある種の精神の緊張を感じたりする。そして、突然ひらめく。(「あっ！ ジッタリン・ジンの「プレゼント」だ！」) このとき、確かに記憶を思い出そうと努力するときに特有の感覚はある。だが、そのような感覚は観察されるのではなく、「感じられる」ものである。そして、そのような感覚に続く思い出すこと自体は突然であり、気づいた時にはもう思い出している。従って、ここにも何か観察可能なプロセスがあるとは言い難い。「記憶」や記憶を「思い出すこと」を成立させている観察可能なプロセスは存在しないのである。

このように特定のモデルが我々を導く結論と現実が合わないとき、我々は第五のステップとして、「それでも未だ十分に究明されていない二元論的な心の世界があり、そこに何らかの意味で記憶のプロセスが存在している」と考えるか、そのような奇妙なプロセスや世界を否定し、それとともに

「心的プロセス」そのものを否定し、行動主義を採るかという二択を迫られていると考えてしまうのである。

ウィトゲンシュタインによると、例えば心身二元論か行動主義か、という二択を迫られているように思われるのは、特定の哲学的像とモデルにとらわれているからである。私的言語論から始まる一連の議論において、ウィトゲンシュタインは心を私的な主体のみがアクセスできる世界として捉え、痛みや記憶などをその世界で生じる対象と見なす哲学的像に固執することの問題を読者に気づかせようとしている。その哲学的像は特定のモデルと結びつき、心身二元論のような理論へと展開されるもののように思われる。だが、ウィトゲンシュタインは心身二元論を否定することで、物的一元論を支持するわけではない。むしろ、心身二元論と物的一元論の二択をもたらすような「心」についての我々の物の見方自体に問題を見ているのである。

物的一元論と心身二元論の二択を拒否し、ウィトゲンシュタインはどこへ向かうのだろうか。それは、ここでも、我々の実践を「よく見ること」である。すなわち、ウィトゲンシュタインによると、「心」に関わる我々の様々な実践をよく見ることを通して、心とは何かということもよく理解できるとされるのである。ウィトゲンシュタインにとって、心とは何かを理解するとは、一元論であれ二元論であれ哲学的理論によって達成されるべきことではなく、我々の実践をマスターすることによって達成されるべきことなのである。

例えば、先に見た感覚日記の議論の少し後の箇所で、ウィトゲンシュタインは石や死体が感覚を持つと想像することについて論じている。

> 石を見つめて、それが感覚を持つと想像してみよ！——どのようにしたら物に感覚を帰属するなどという考えを思いつくことができたのだろうか、と人は思う。同様に数に感覚を帰属することだってできるだろう！——そして、バタつくハエに目をやると、ただちにそのような困難は消え去り、石を見つめていたときにはすべてがいわば滑らかだったのに対して、ここでは痛みがとっかかりを持っているように思われる。
>
> そして、死体もまた痛みとまったく関わりがないように思われる。——生きている者に対する我々の態度は死者に対する我々の態度とは違う。我々の反応すべてが異なるのである。——誰かが「その違いは、生きている者はかくかくのように動くが、死者はそうではないという単にそれだけのことではありえない」と言うとしたら、——ここでは「量から質」への移行が起こっているのだと私は言うだろう。(PI 284)

石や死体のような「単なる物」が感覚を持つと想像するとはいったい何をすることなのだろうか。我々は「石が感覚を持つとしてみよう」と言葉を口にすることはできる。しかし、その言葉で我々は何か意味あることを言っているのだろうか。もちろん、石が感覚を持つフィクションを想像することはできる。「機関車トーマス」には機関車たちに腹を立てる「ボルダー」という大きな丸い岩が登場する。だが、そのようなフィクションを想像することは、石が感覚を持つことをリアルなこととして想像することとは異なる。だいたいボルダーには顔がついているのである（cf. PI 282）。石とバタつくハエの違い、死体と生きている人間の違いは、単にハエや人間の方が心の働きをよりリアルに感じられるというような程度の違いではなく、我々の実践の違いなのである。ウィトゲンシュタインの言い方だと、「単なる物」に応対する場面から、「心を持つ存在者」に応対する場面へと移るとき、「量から質への移行」があるのである。従って、実践の中で我々が持つ「単なる物」に対する態度と「心を持つ存在者」に対する態度の違いをマスターすること。これが心とは何かを理解することなのである。

このようにウィトゲンシュタインは心身二元論と物的一元論の対立を退け、心にまつわる個々の実践をよく見るよう読者に促す。最後に再びシフトを変えて、このようなウィトゲンシュタインの議論が与える心についての見方について大まかに見ておきたい。

2　意味に溢れた世界、所与、箱の中のカブトムシ

物的一元論と心身二元論の対立を動機づけているのは、まずは究極的には物理学によって記述されるような物の世界があり、そこに心がどのように位置づくのか、という問題意識であると思われ

る。この世界は人間の身体も含めて究極的には物理的な物、原子の集まりである。こう考えたとき、人間の「心」はこの物質世界の中にどのように位置づくのかということが疑問に思われるのである。ダニエル・デネットは明確にこのような問題意識を述べている。

従って、現代科学の三人称的、物質主義的観点から心がどのように見えるのかをとにかく見るようにと私は提案する。ここからいま出発すれば、他の方針によるよりも、より多くそしてよりよく心のことを見ることができるということに私は賭けている。これは単なる私の偏見ではない。――私は色々と見て回ったのだ。――しかし、私が正しいと納得させる唯一のやり方は、私が知っている限りでは、このプロジェクトを続けて、その結果自体に自分を弁護させることである。（Dennett 1987, p.7／邦訳 p.17）

デネットは科学が記述する物質の世界を出発点として、そこに心がどのように位置づくのかという問題設定を出発点とする。デネットが明言しているように、この出発点はその正しさが証明されているという理由で採用されたものではなく、他に良い選択肢がなく、かつ、豊かな成果を生み出すように思われる、という理由で採用されたものである。

この出発点を採用したならば、物的一元論と心身二元論の二択になるのはよく理解できる。物的一元論者は、心の働きは物質世界の中に問題なく位置づけることが可能だと考える。すなわち、心の働きとは、例えば脳の働きとして十全に理解可能だとされるのである。これに対して、心身二元論者は心の働きをそのように物質世界の中に位置づけることはできないと考える。二元論者によると、例えば意識の世界としての心という側面は、脳の働きとしては十全に説明がつかないのである。

これに対して、ウィトゲンシュタインはこの二択へと至る出発点を共有していない。物質世界から出発して心がそこに位置づくかどうかという問題設定をウィトゲンシュタインはしない。

ウィトゲンシュタインの出発点は物質世界ではなく、意味に溢れた世界である。我々は意味に溢れた世界を生きている。他者の振舞いは単なる物質の運動としてではなく、一定の意味を持つものとして我々に現れてくる。我々は他人の苦痛の表情やハエの動きに直接痛みを見て取る。我々は他人の痛みに同情し（PI 286-287）、他人の喜びに共感し、空の青さに感動する（PI 275）。他人の心に関する実践をマスターするとは、そのような意味の世界を見て取ることができるようになるということである。我々は原子の集まりの世界を生きているのではなく、意味に溢れた世界の中に生きているのである。[5]

ここで「そうは言っても自分の心は直接的に把握される」と言われるかもしれない。他人の心の

5　もちろん、この「意味に溢れた世界」というフレーズはこのままでは不明瞭であり、更にその中身を考察する必要がある。そのような哲学的考察として、野矢（2016）、松永（2014）、McDowell（1996）を挙げることができる。これらはそれぞれに違った仕方で我々が生きる意味世界を哲学的に分析している。

働きについては振舞いの中にその「意味を見て取る」と言うこともできるかもしれない。だが、自分の痛みは直接感じられるのであり、意味も何もない。それはそこにあるもの、**所与**（Given）である。包丁で指を切り、血が流れるとき、私はそこにある痛みをただ感じるのであって、何かの「意味を見て取る」ことなどしていない。このように言われるかもしれない。[6]

この点について考えるために、有名な「**箱の中のカブトムシ**」の思考実験を検討してみよう。ウィトゲンシュタインは「痛み」のような感覚が私的な心の世界における所与であるという像について、私的言語論の後半で検討している。痛みの感覚は、とにかく心の世界の中にあるもの、所与であり、自分自身が痛みを感じているかどうかは直接そのことを見て取ればよいという考えを論じる中で（PI 289-292）、ウィトゲンシュタインは箱の中のカブトムシの思考実験を提出する。

私が自分自身について「私は自分自身の場合からのみ、「痛み」という語が何を意味するのかを知る」と言うとしたら、――私は同じことを他人についても言わねばならないのではないだろうか。そして、いったいどうして私は一つのケースを無責任に一般化できるのだろうか。

いま誰もが、自分は自分自身の場合からのみ痛みとは何かを知る、と私に言うとして見よ！――誰もが「カブトムシ」と呼ばれる何かが入った箱を持っていると想定しよう。誰も他人の箱を覗き込むことはできない。そして、自分は自分のカブトムシを見ることによってのみカブトムシとは何かを知るのだ、と誰もが言う。――このとき、誰もが自分の箱に違う物を持っているということもありうるだろう。それどころか、その物は絶え間なく変化すると想像することもできるだろう。——しかし、これらの人々の「カブトムシ」という語がそれでも使用を持つとしたらどうだろうか。——そのときには、「カブトムシ」という語の使用とは、物を名指すというものではないだろう。箱の中の物はそもそも言語ゲームに属していない。それは何かとしてすら言語ゲームには属さない。というのも、箱は空っぽでもよいのだから。——いや、箱の中の物で「約分する」ことができるのだ。それが何だとしても、それを取り除くことができるのである。

すなわち、感覚の表現の文法を「対象と名前」のモデルで解釈すると、対象は無関係なものとして考察から落とされてしまうのである。（PI 293）

いま各人が一つの箱を持っていて、その中に「カブトムシ」と呼ばれる対象が入っているとする。各人は自分の箱以外の箱の中を覗き込むことはできない。このとき、「カブトムシ」という語を用いる言語ゲームが成立するとしても、その言語ゲームにおいては箱の中の対象は何の役割りも持たないとウィトゲンシュタインは論じる。

---

6 私的言語論と所与に関しては、McDowell（1989）も見よ。

ここでウィトゲンシュタインは、痛みのような感覚を本人だけがアクセス可能な私的な心の世界の所与として捉えることと、本人だけがアクセス可能な箱の中のカブトムシとの間のアナロジーを見ている。ウィトゲンシュタインのねらいは、感覚を私的な世界に現れる所与として捉えるならば、箱の中のカブトムシと同じように感覚も感覚語の言語ゲームにおいて役割を持たなくなると論じることにある。

だが、そうだとして、箱の中のカブトムシについてのウィトゲンシュタインの議論にはわかりにくいところがあり、少し慎重に解きほぐす必要がある。[7] まず注意すべきは、ウィトゲンシュタインの結論は条件付きであり、「感覚の表現の文法を「対象と名前」のモデルで解釈すると」対象が無関係になるというものだという点である。ウィトゲンシュタインはここでも痛みのような感覚を否定しているわけでもなければ、感覚自体が感覚語の言語ゲームとは無関係だとしているわけでもない。むしろウィトゲンシュタインが問題を見ているのは、感覚語を「対象と名前」という捉え方の下で見ることである。

そうすると次に考えなければならないのは、「対象と名前」という捉え方とはどのようなものかということである。この点を考えるために、「カブトムシ」についての言語ゲームをもっと具体的に想像してみよう。すると、ウィトゲンシュタインに反対して、「カブトムシ」という語を用いる言語ゲームにおいては箱の中の対象が一定の役割りを持つと考えたくなるかもしれない。例えば、私が自分の箱の中を見て「私のカブトムシは赤い」と言うとき、私は箱の中の対象を見て、それを記述している。他人は私の箱の中を見ることができないので、私の言っていることが事実その通りだと絶対的に確信することはできないかもしれない。だがそれは私が誠実に発言しているかどうか確信できないという問題であり、私が箱の中の対象を見ても見なくても同じことだという問題ではない。このように思われるかもしれない。

このような考えの問題は、対象の同一性が確立されているということが前提とされているという点にある。例えば、私が箱の中の対象を見て、その色が赤から青へと変化したのを見たとしよう。このとき私は「カブトムシの色が赤から青へと変化した」と言うべきだろうか。それとも、「赤いカブトムシがいなくなって、青いカブトムシが現れた」と言うべきだろうか。あるいは、「カブトムシが消えてしまい、クワガタムシになってしまった」と言うべきだろうか。この問いへの答えは、それは「カブトムシ」という語を用いる言語ゲームがどのようなものか次第だ、というものであろう。もし「カブトムシであること」にとって赤いということが本質的なのであれば、色の変化は対象の変化を意味するが、普通の虫のように「カブトムシ」にとっても色の変化は本質的ではないと考えるなら、色の変化は対象の変化を意味しないだろう。いずれにせよ「カブトムシとは何か」を決めるのはそのような言語ゲーム、すなわち、我々の実践であって、そのような実践から切り離された所

7　箱の中のカブトムシに関する様々な解釈のサーベイとしてStern（2007）を見よ。

与としての対象が「カブトムシ」という語の使用をもたらすわけではない。前章でも論じたが、「カブトムシ」のような名前が名前として使用可能となるためには、その背景となる実践が必要なのである。

このように考えると、ウィトゲンシュタインが「対象と名前」という捉え方ということで何を考えているのかも明らかになる。すなわち、所与としての感覚が私的な心の世界に現れ、我々はそれを実践から独立に直接名指すことができるというような感覚に関する見方をウィトゲンシュタインは「対象と名前」モデルと呼んでいるのである。

感覚は実践から独立の所与として直接把握されるという考えは、ウィトゲンシュタインによると、混乱したものなのである。当初の疑問に戻ると、感覚は我々の実践から切り離された心の世界に現れる所与ではない。それは意味に溢れた世界の中で対象として感じられ、また語られるものなのである。[8]

3　科学主義

物的一元論と心身二元論の対立によって議論の枠組みを見る標準的な心の哲学の構図に対して、ウィトゲンシュタインはそのような構図自体を問い直す。ウィトゲンシュタインによると、我々は意味に溢れた世界を生きているのであって、心とは何かを理解するとは心を持つ存在者とともにその世界を生きる能力を身につけることなのである。

ここまで見てきたこのようなウィトゲンシュタインの考え方に対して、最後に二つの反論を検討しておこう。第一の反論は、ウィトゲンシュタインは行動主義を退ける点では正しいが、そのことは物的一元論を退ける根拠とはならない、というものである。もし心身二元論と行動主義という二択を強いられているとしたら、そのような二択を強いる構図を問い直すという方向性はもっともらしい。しかし、ウィトゲンシュタインの時代と違い、物的一元論の代表は行動主義ではない。例えば機能主義を考えれば、むしろ物的一元論は合理的な選択肢である。このように反論されるかもしれない。

ここには確かに難しい問題があり、正直に言うと私自身も明快な見通しを持っているわけではない。ウィトゲンシュタインの心に関する議論が現代的な機能主義とどう関係しているのかは、はっきり言ってよくわからないところもある。ここではおおまかに考えられる回答の概略を述べておき

8　ウィトゲンシュタインは晩年の考察において、心の状態を認識することを人間生活という織物の中にあるパターンを見出すことであるとするが（PPF 2／邦訳 p.347, LW1, 862）、これはこの節で「意味に溢れた世界を生きている」という言い方をしている事柄に対応していると考えることができる。関連する議論として谷田（2019）が参考になる。

たい。[9]

手掛かりとなるのは、先に引いた『探究』三〇八節である。そこでウィトゲンシュタインは「記憶とは一種の心的プロセスである」というような像から、我々は心身二元論と行動主義の二択を迫られてしまうということを問題としていた。ここで機能主義者であれば、その像をコミットメントに値するものとするモデルがある、と言うだろう。すなわち、コンピュータの計算プロセスをモデルとしてその像を把握するならば、その像は心についての機能主義的な理論へと展開されうる有益な像だというのである。[10]

これに対してウィトゲンシュタインはそのような脳の計算プロセスとして記憶、信念、欲求、意図といった心の働きを捉えることとは、心と脳という異なるレベルを混同することだと言うだろう(PPF 243／邦訳 p.421, LW1 642, LW2 p.65／邦訳 pp.365-366)。ウィトゲンシュタインにとって、それらの心の働きを問題とする実践は自律した一つの実践であって、脳のプロセスを問題とする実践とは異なるレベルに属する。ウィトゲンシュタインによると、機能主義も心の働きを一種の心的プロセスとする像に固執し、我々の実践から目をそらした結果として出てきた理論なのである。[11]

ウィトゲンシュタインに対する第二の反論は、ウィトゲンシュタインの心についての見解は非科学的だというものである。人間の心の働きに脳が深く関わっているということは、現代ではもはや常識である。認知科学者や生理学者はそのような心の働きについて様々な知見をもたらしてきている。物的一元論を否定することでウィトゲンシュタインはそのような科学的成果を否定してしまっている。このように反論されるかもしれない。

この反論に対しては、ウィトゲンシュタインが否定しているのは、真面目な科学の成果ではなく**科学主義**だ、と応じることができる。[12] 先に見たように、例えば機能主義に対するウィトゲンシュタイン的な応答とは、心に関する言語ゲームと脳に関する言語ゲームはレベルが異なるというものとなる。ウィトゲンシュタインによると、心に関する我々の言語ゲームは自律した意味の連関を構成しており、脳のプロセスやメカニズムについての（プリミティブな）理論なのではない。だが、両者のレベルが異なると考えることは、それらが無関係だと考えることではない。我々の心の働きを可能とする脳のメカニズムを明らかにしようとする認知科学や生理学に対して反対する原理的な理由を

9　関連する議論として、Child（2017）, Goldfarb（1992）, McDowell（2009）などを見よ。

10　実際、フォーダーは『探究』三〇八節について、そのような方向でのコメントをしている（Fodor 2003, p.11, note.4）。

11　これはつまり、素朴心理学（folk psychology）は何らかの心的プロセスに関する理論ではないとすることである。このように考えることで、ウィトゲンシュタインは意外にもデネット流の解釈主義（Dennett 1987）に接近するようにも思われる（cf. Child 2017, p.91）。しかし、デネットの解釈主義があくまで振舞いの予測という観点から心の働きを考えるのに対し、ウィトゲンシュタインは人間的実践の理解という観点から心を捉えており、両者の間には大きな隔たりがある。ウィトゲンシュタインとデネットの相違に関する更なる議論としては ter Hark（2001）を見よ。

　また振舞いの予測ではなく、実践という観点を重視する（「ウィトゲンシュタイン的」と言いたくなるような）解釈主義を展開したものとして金杉（2014）がある。

12　以下の議論は Child（2017）にかなりの部分依拠している。

ウィトゲンシュタインは何も提示していない。ウィトゲンシュタインは、真面目な科学の成果を否定するという意味での「反科学」の哲学者ではない。

ウィトゲンシュタインが反対しているのは、むしろ、心とは何かを理解するというプロジェクトは、すべて科学的説明による理解という形式を採らねばならない、とするような科学主義である。ウィトゲンシュタインは『青色本』で次のように言う（Cf. PI 124）。

哲学者たちは常に科学の方法を目の前に見ている。そして、科学のやり方で問いを立て、それに答えるという誘惑に抗することができない。この傾向は形而上学の本当の源であり、哲学者を完全な暗闇に導いてしまう。私がここで言いたいのは、何かを何かに還元すること、何かを説明することは、我々の仕事ではないということである。哲学は本当に「純粋に記述的」なのである（BB, p.18／邦訳 p.45）。

ここでウィトゲンシュタインは「科学的説明」を雑な仕方で考えているように見える。ウィトゲンシュタインの考えている科学的説明とは法則的説明であり、「自然現象の説明を可能な限り少数の自然法則へと還元する（BB, p.18／邦訳 p.45）」ものである。しかし、現実の科学はそのような法則的説明ばかり行っているわけではなく、ウィトゲンシュタインは現実のより複雑な科学的説明のあり方を捉えきれていないように思われる。[13] だが、そうだとしても、ウィトゲンシュタインが言いたいことを心についてのウィトゲンシュタインの見解に当てはめるなら、そのポイントは失われない。脳のメカニズムにより説明を与えない限りは、心について十全な説明を与えたことにはならないと考えること。心についての我々の様々な言語ゲームを「見る」だけでは心とは何かを説明された気がしないこと。ウィトゲンシュタイン的な考え方からすると、これはすべてを無理やり科学の枠組みに押し込めようとする科学主義であり、この科学主義を否定することは、真面目な科学の成果を否定することとは異なるのである。

4　要点のおさらい　意味に溢れた世界を生きる

この章では物的一元論と心身二元論の対立という図式の下で心を論じる現代の心の哲学の中に、ウィトゲンシュタインの議論がどのように位置づくのかを見た。『探究』の議論から見えてくるのは、ウィトゲンシュタインが物的一元論と心身二元論の対立という図式を拒否し、心とは何かとい

13　ただし、ウィトゲンシュタインの科学論が常に雑なわけではない。『論考』における自然法則に関する議論（TLP 6.31-6.372）や、化学における化学式の役割りに関する『講義』における議論（LFM pp.98-100, 146-147／邦訳 pp.179-183, 270-272）などにおいては、ウィトゲンシュタインは科学的説明を還元的説明と同一視しているわけではない。

う問題は、我々の実践を習得することにより答えられるものだとするということである。すなわち、ウィトゲンシュタイン的観点からすると、物質の世界を出発点として、心がその世界のどこに位置づくのかという問いを立てるべきではない。我々は意味に溢れた世界を生きており、心についての実践を習得するとは、そのような意味の世界を認識できるようになることなのである。

このように考えることは認知科学や生理学などの真面目な成果を否定することではなく、すべてを科学の図式に押し込めようとする科学主義に抗しつつ、心身二元論に陥らないようにする道を探るものであり、その意義と射程は検討する価値のあるものであろう。

第6章
相対主義

1 「なんでもあり」なのか

ここまでの章で『探究』の有名な議論——アウグスチヌス的言語像、規則の問題、私的言語論といった名前の付いている議論——を検討してきた。いずれの議論においても、ウィトゲンシュタインは、実践をよく「見る」よう我々に促す。ウィトゲンシュタインによると、言葉が使用される現場に目を向けず哲学的像とモデルに固執することで哲学的問題が生じてしまう。言葉の意味、使用、心といった哲学者たちにとってのキーワードは、理論的探求によって理解されるべきものではなく、我々の多様な実践、多様な生のありように目を向けることで理解されるべきものなのである。

また、このようなウィトゲンシュタイン哲学からすると、形而上学的実在論や科学主義も退けられると論じた。ウィトゲンシュタインによると、「世界」、そして世界の中で成立している「事実」とは、我々の実践から切り離されて「とにかくそこにある」ものではない。また、科学の実践のみが特権的に事実を客観的に記述できる、と考えるべきでもない。事実とは多様な実践の中で事実についての判断を下す我々の技術において事実とされるものであり、世界を適切に認識するには我々は多様な実践を「よく見る」ことを求められているのである。

ここで「それでは「なんでもあり」になるではないか」と疑問に思う人もいるかもしれない。すなわち、事実が「とにかくそこにある」ものではなく、実践の中で決まっていくものなのだとしたら、「実践の中で事実であると認定されたことはなんでも事実になってしまう」という「なんでもあり」を認めることにならないだろうか。このような疑問が生じるかもしれない。

具体的な例で考えてみよう。「最初のアメリカ人はどこから来たのか」という問いに対して、ネイティブ・アメリカンのラコタ族と考古学者は異なる回答を与える。[1] ラコタ族によると、彼らの祖先は地下世界から現れた人々であり、アメリカ人の起源、最初のアメリカ人である。これに対し、考古学者たちによると、最初のアメリカ人はベーリング海峡を越えて約一万年前にアジアから渡ってきた人々である。

アメリカ人の起源に関して、ラコタ族の信念と考古学者の信念は対立しているように見える。ラコタ族はアメリカ人の起源は地下世界から現れた人々にあると考えているのに対して、考古学者はそれがベーリング海峡を渡ってきたアジア人にあると考えている。両者は相反する仮説を信じており、ここには対立がある。こう思われる。

そして「この対立する二つの仮説のどちらが正しいだろうか」と問われれば、我々としては「そ

1　この例は Boghossian (2006), pp.1-2 から採った。ただし、ボゴシアンは、本章で扱う真理の相対主義ではなく、認識的相対主義に関する議論の材料としてこの例を用いている。

れは考古学者の仮説だ」と答えたくなる。考古学者の仮説は発掘された遺跡からのデータやＤＮＡの分析結果など科学的証拠によって確証されているのに対して、ラコタ族の仮説は神話や伝承のような非科学的な根拠しかない。従って、「最初のアメリカ人はベーリング海峡を渡ってきたアジア人である」という仮説が正しい。

しかし、ウィトゲンシュタイン的観点からすると、そのように答えることはできないようにも見える。何が事実かは実践の中で決まることであり、ラコタ族の実践の中では「最初のアメリカ人は地下世界から現れた」ということが事実として認定されており、考古学者の実践の中では「最初のアメリカ人はベーリング海峡を渡ってきたアジア人である」ということが事実として認定されているのであれば、どちらも事実である。ウィトゲンシュタインに従うと、このように考えねばならないと思われるのである。

これは哲学用語を用いて述べるとすると、ウィトゲンシュタインが「**真理の相対主義**」を支持しているように見えるということである。真理の相対主義とは、どの信念が真理を表すかは実践相対的に決まる、とする立場である。従って、例えばラコタ族の「最初のアメリカ人は地下世界から現れた」という信念と考古学者の「最初のアメリカ人はベーリング海峡を渡ってきたアジア人である」という信念はどちらも真理を表している、とされる。両者の信念はどちらもそれぞれの実践相対的に真理を表しており、事実を述べている。真理の相対主義者はこう考える。

二点補足を。第一に、ここで「真理」と言われているのは、信念が事実と一致する、ということである。例えば、私は小学生のときに遠足で比叡山に登った記憶があり、「小学生のときに比叡山に登った」という信念を持っている。いま私の記憶が正しく、実際に事実として私が小学生のときに比叡山に登っていたのであれば、この信念はその事実と一致しており、真理を表す。これに対して、私の記憶違いで比叡山に登ったのが中学生のときだったとしたら、この信念は事実と一致せず、従って、真理を表さないということになる。（実際、もう昔のことなので、私の記憶違いの可能性も結構ある。）同様に、「最初のアメリカ人は地下世界から現れた」という信念や「最初のアメリカ人はベーリング海峡を渡ってきたアジア人である」という信念も事実と一致していれば真理を表すし、一致していなければ真理を表さない、すなわち、偽である、ということになる。

このように真理の相対主義において問題になっている意味での「真理」とは、信念が事実と一致するという意味での真理である。従って、「より価値のある生き方」というような意味は含んでいない。例えば、神話と伝承に従って生きるラコタ族のような生き方のほうが、科学技術に翻弄されながら生きる典型的な現代人の生き方よりも「真理に触れる生き方」だとか、「真実の生き方」だとかいう言い方もできるかもしれないが、そのような意味での「真理」をここで問題としているわけではない。

第二の補足は、相対主義が意味をなすためには、ラコタ族の信念と考古学者の信念は「対立している」ということに中身がなければならない、という点である。すなわち、ラコタ族が「最初のアメリカ人は地下世界から現れた」と言い、考古学者が「最初のアメリカ人はベーリング海峡を渡ってきたアジア人である」と言うとき、両者は「最初のアメリカ人はどこから来たのか」という同じ問いに対し、相いれない答えを与えていると考えなければ、「どちらも正しい」という相対主義の主張は特に取り上げる価値のある主張ではない。もし相対主義が言っているのが、単に異なる実践では互いに無関係の信念が真となるということであれば、それはサッカーの試合ではボールを手で持つとルール違反になるが、ラグビーの試合では問題にならない、と言うのと同じで、ほとんど当たり前のことである。対立する、相いれない信念が実践に応じてどちらも正しくなると主張する点に相対主義のポイントがあるのである。[2]

真理の相対主義をより厳密に定義しておこう。

真理の相対主義によると、任意の信念について

（1）その信念の真偽は、何らかの実践の標準に相対的に決定される、

そして、

（2）どのような実践も同等にその信念の真偽を決定する権限を持つ。

少し説明しよう。真理の相対主義のテーゼ（1）が述べているのは、ある人の信念が真理を表すかどうかは、特定の実践で何が真理とされるかによって決まるということである。[3] ここで「標準」とは何のことか、と疑問に思われるだろうが、あまりややこしく考えず、ウィトゲンシュタイン的に、

ある実践を習得することで我々は関連する信念の真偽を判定する技術を習得するのであり、標準とはつまりそのような技術のことだと考えればよい。

テーゼ（1）は、真理を実践から完全に独立の「とにかくそこにある」事実との対応によって説明することを拒否するものではあるが、これだけならばまだ相対主義とは言えない。というのも、テーゼ（1）を受け入れたとしても、例えば、最初のアメリカ人に関する信念の真偽は考古学者の実践によって決定されるのであり、ラコタ族の実践によってではない、と考えることもできるからである。

2　次節で見るように、相対主義の問題は「対立」の観念に中身を与えつつ、相対主義を受け入れることが困難であるという点に存する。この困難に立ち向かい、「どちらの側にも過失のない不一致（faultless disagreement）」の観念により相対主義を理解可能なものとしようとする試みとして、Kölbel（2004）を見よ。ただし、ケルベルは特定の領域の信念にのみ相対主義を採る部分的相対主義を支持しており、本章で扱っているような任意の信念についての相対主義（全面的相対主義）を支持しているわけではない。ケルベルのような立場がそれでも「対立」の観念に中身を与えられていないとする批判としては Boghossian（2011）, pp.58-66 を見よ。

3　ジョン・マクファーレンは信念を持つ人の文脈ではなく、信念を持つ人が自身の信念を評価する文脈（contexts of assessment）により信念の真偽が決まるとすることで相対主義が理解可能なものとなると論じている（MacFarlane 2005, pp.336-337）。この立場を採った場合、自分の信念を評価するたびに信念の真偽が変わる可能性を認めることになり信念主体の統一性が危うくなるという問題があるように思われるが、この立場に従って相対主義を定式化したとしても、以下の議論に大きな違いはない。なお、マクファーレンも部分的相対主義を支持しており、全面的相対主義を主張しているわけではない。

テーゼ（2）が言っているのは、そのように何らかの実践が他の実践を抑えて信念の真偽を決定する特別な権限を持つことはない、ということである。このテーゼ（2）を受け入れるならば、最初のアメリカ人に関する信念の真偽について、ラコタ族の実践ではなく考古学者の実践が特権的に決定する、と考えることはできなくなる。テーゼ（2）を受け入れた場合、両者の実践は同等に信念の真偽を決める権限を持ち、従って、考古学者の信念もラコタ族の信念も「どちらも正しい」のである。

真理の相対主義とは、テーゼ（1）と（2）を受け入れ、異なる実践が行う異なる真偽の決定の間に優劣を認めない立場である。以後、単に「相対主義」と言うことで、この真理の相対主義のことを意味することとしよう。

ウィトゲンシュタインが形而上学的実在論と科学主義を拒否し、多様な実践をよく見るように我々に促すとき、この相対主義が支持されているようにも見える。すなわち、ラコタ族の実践も考古学者の実践も同等に信念の真偽を決定する権限を持ち、「最初のアメリカ人はどこから来たのか」という問いに対する両者の答えは「どちらも正しい」「どちらも事実である」。こうウィトゲンシュタインは答えるのではないかと思われるのである。この章ではウィトゲンシュタインと相対主義の関係について少し踏み込んで考えてみることとしよう。

2　相対主義は自己論駁的である

前節で相対主義を定式化したばかりであるが、この相対主義には古くから指摘されている通り、致命的な欠陥がある。[4]それは、この立場が自己論駁的だというものである。「自己論駁的」とは、要するに、相対主義が正しいと仮定すると、相対主義が間違いだという結論が出てきてしまうということである。すなわち、相対主義の二つのテーゼ自身を相対主義に当てはめると、相対主義は間違いだということになってしまうのである。

いま相対主義が正しいとしよう。すると、テーゼ（1）と（2）が正しいということになる。だが、相対主義が正しいという仮定の下では、テーゼ（1）と（2）の正しさも絶対的なものではない。従って、テーゼ（1）と（2）の真偽も何らかの実践の標準に相対的に決まるということになるし、またどの実践にも同等にその真偽を決定する権限があるということになる。

ここで相対主義のテーゼ（1）と（2）の両方を否定する人を絶対主義者と呼ぶとしよう。そして、絶対主義者の実践においてはテーゼ（1）と（2）の否定はいわば公理であって、自明の前提として扱われていると想定しよう。すると、絶対主義者の実践にもテーゼ（1）と（2）の真偽を決定する

4　プラトンの『テアイテトス』が古典的議論を与えているとされるが、実際に読むとかなり複雑な議論になっている（プラトン 2019）。現代のものだと Putnam（1981）, pp.119-124（邦訳 pp.177-185）がある。

権限があるのだから、そこではテーゼ（1）と（2）は間違いだということになる。これはつまり、相対主義は絶対主義の実践においては間違いだということである。だが、そのことを認めるのであれば、相対主義者はもはや何を主張して、何を否定しているのかも明らかではなくなるであろう。というのも、相対主義者は相対主義を主張することで、自分と明らかに対立する立場を否定できていないからである。

ごちゃごちゃと議論したが、大雑把に言うと、相対主義者が「すべての信念は実践相対的にのみ真理を表すのだ」と主張したら、「君のその信念も君の実践相対的にのみ真理を表すのみだから、私にとっては真理を表していないのだ」と言い返されてしまうということである。相対主義によると、どんな信念も実践相対的にのみ真理を表すので、「なんでもあり」になってしまうのだが、それでは何かを信じたり主張したりするということに中身を与えられないのである。

というわけで、相対主義には致命的な欠陥がある。だが、ここでの問題は相対主義自体ではなく、ウィトゲンシュタインは相対主義者なのか、というものである。相対主義には致命的な欠陥があるのだから、もしウィトゲンシュタイン哲学が相対主義的なのだとしたら、ウィトゲンシュタイン哲学には致命的な欠陥があるということになる。ここまでの章で私はウィトゲンシュタイン哲学の魅力を語ってきたが、もしウィトゲンシュタイン哲学が相対主義的なのだとしたら、その魅力は幻想だったということになるのである。だが、ウィトゲンシュタインは相対主義者なのだろうか。

3　ウィトゲンシュタインは相対主義者なのか

ウィトゲンシュタインはテーゼ（1）、つまり「任意の信念について、その信念の真偽は、その信念を持つ人が行っている実践の標準に相対的に決定される」という考えを受け入れると思われる。あるいは、より精確に言うならば、ウィトゲンシュタインはそれを「テーゼ」というよりも、「有益な哲学的像」として認めるだろうと思われる。ウィトゲンシュタインはある信念が真理を表すかどうかは、我々の実践を超越した事実とその信念との一致によって決まることではなく、特定の実践において何が事実と一致しているかを判定する技術によって決まることであると考える。このように言うとき、「事実」「技術」そして更には「実践」という語が明確な内容を持つわけではなく、この意味でテーゼ（1）は「テーゼ」というよりも「像」と呼ばれるべきである。だが、その点に注意したうえであれば、ウィトゲンシュタインは「テーゼ（1）」を正しいと認めると思われる。以下では煩雑さを避けるために「テーゼ（1）」「テーゼ（2）」という言い方をするが、適宜「哲学的像

（1）」「哲学的像（2）」と読み替えて欲しい。[5]

さて、というわけでウィトゲンシュタインは「テーゼ（1）」を認める。そうすると、ウィトゲンシュタインは相対主義者なのかという目下の問題を解くキーとなる問いは、「ウィトゲンシュタインはテーゼ（2）を受け入れているのか」という問いとなる。ウィトゲンシュタインはテーゼ（2）を受け入れているのだろうか。

ウィトゲンシュタインが相対主義者に見えるのは、ウィトゲンシュタインがしばしば我々のものとは大きく異なった実践を想定しつつも、それを「間違っている」とは言わないということにある。すなわち、非常に奇妙で我々から見ると不合理にも見える人々の実践が間違いだと断定しないとき、ウィトゲンシュタインは単に実践超越的な真理を否定しているだけでなく、どのような実践も同等に真理を決定する権限を持つという「なんでもあり」の相対主義にコミットしているように見えてしまうのである。

ここではよく引かれる例として、「底面積に応じて薪を売る人々」についてのウィトゲンシュタインの議論を検討することにしよう。『講義』において、ウィトゲンシュタインは薪を底面積に応じて売る人々を想像する。薪は体積が大きければたくさん燃やすことができるのだから、普通は体積に応じて値段がつけられるべきだと思われる。ところが、この想像上の人々は薪の底面積だけを測り、底面積に応じて値段をつけるのである。従って、薪の束を途中で切って上に積み直すと、体積は同じままなのに、底面積が倍になるので、値段も倍になるのである。

これは確かに不合理な実践と思われる。だが、ウィトゲンシュタインはこの想像上の人々について、次のように言う。

我々はこれをある種の論理的狂気と呼ぶかもしれない。しかし、薪を安く売るということには何も問題はない。そうすると、これの何が問題なのだろうか。我々は「これが彼らのやり方なのだ」と言うかもしれないのだ。(LFM p.202/邦訳 p.380)

ここでウィトゲンシュタインは薪を底面積に応じて売る実践には何も間違ったところはない、と示唆しているようにも見える。「これが彼らのやり方なのだ」という言い方は、何が正しいかをこの実践の外側から決めることはできないという主張であるように見える。そして、そうだとすると、この想像上の人々の実践を抑えて何が真理かを決定する特権的な実践などないとする相対主義のテーゼ(2)への支持がここで表明されているようにも見える。

だが、もう少し慎重に読むと、この箇所をウィトゲンシュタインが相対主義を支持していること

5 真理については、ウィトゲンシュタインには「真理のデフレ理論」が帰されることが多いが(Horwich 1998, ix, 2012, pp.57-59, Kripke 1982, p.86/邦訳 pp.168-169, Williams 2004, p.206)、そのような解釈は疑わしい。Putnam (1999), pp.64-69(邦訳 pp.94-101), Vision (2005), 大谷(2011)を見よ。

の証拠とすることはできない。少しゆっくり考えるために、まずはこの底面積に応じて薪を売る人々の例でどのような信念の真偽が問題とされているのかということを考えてみよう。

それは例えば「この薪の束はあの薪の束よりも量が多い」というような信念の真偽であろう。通常、我々は薪の「量が多い」かどうかは体積で測る。しかし、これらの人々は底面積でそれを測る。このため、「この薪の束はあの薪の束よりも量が多い」と我々なら考えないところで、この人々はその信念が真理を表すと考えるのである。

だが、このケースで同じ信念に対して、我々とこの人々が異なる見解を持っていると言うことができるということは自明ではない。確かに同じ体積の薪に対して、この人々は「この薪の束はあの薪の束よりも量が多い」と言うのに対して、我々は「この薪の束はあの薪の束と同じ量だ」と言う。だが、「量」という語でこの人々と我々が同じことを意味していると言うべきかどうかは明らかではない。何度も論じてきたように、同じ表現を用いているということは、それにより「言われていること」も同じだということを意味しない。少なくとも、このケースで我々とこの人々が同じ内容の信念に対して対立した見解を持っているということは必ずしも明らかではないであろう。

ポイントは、ここでそのことを自明とは言えないということである。例えば、私が「小学生のころ比叡山に登った」と言い、同級生に「違うよ。比叡山に登ったのは中学生のときだよ」と言われたら、私とその同級生は、同じ内容の信念に対して対立した見解を持っている。すなわち、「大谷は小学生のころ比叡山に登った」というその同じ信念について、私はそれが真理を表すと考えるのに対して、その同級生はそれは間違っていると考えているのである。ここで「どちらも正しい」という相対主義は受け入れがたく思われる。

これに対して、量の多少が問題となる多くの場合について我々はある程度の相対性を許容している。例えば、薪ではなく、研究者の「業績の量」を測定するというケースを考えてみよう。本を一冊出版するのと、論文を三本発表するのではどちらの業績の「量が多い」だろうか。私の感覚では前者の方が「量が多い」ように思うが、人によって、あるいは所属する学問分野によっては、後者の方が「量が多い」とされるだろう。(理系では本の出版は軽視される傾向にあるようで、工学系の大学に勤める友人は研究書の出版が業績にカウントされないと嘆いていた。)あるいは、研究者業界の話ではなくとも、会社で「たくさん仕事をしている人」つまり、「仕事量の多い人」はどのように判定されるだろうか。単純に時間で測るなら、たくさん残業している人が「仕事量の多い人」ということになりそうである。しかし、例えば処理した書類の枚数で測れば、違う人が「仕事量の多い人」になることもあるだろう。この基準で測れば、ダラダラと残業している人よりは、就業時間内に集中して書類を処理している人の方がたくさん仕事をしている人だということになるのである。

重要なのは、これらのケースにおいて、我々は必ずしも「量が多い」ことについての絶対的真理があるとは考えていないということである。業績の量の測り方や仕事量の測り方には、それぞれの学問領域や会社の事情もあり、絶対的にこの測り方でなければならない、というようなこともないだろう。

底面積に応じて薪を売る人々のケースとそれに対するウィトゲンシュタインの「我々は「これが彼らのやり方なのだ」と言うかもしれないのだ」というコメントに戻ろう。そのコメントは「この想像上の人々と我々が同じ信念の真理について対立した見解を持っているということは自明ではない」という事実の確認として理解できる。「量」を測る我々の実践は多様であり、ここに対立が存在することは自明ではないのである。業績の量を測るやり方が色々とあるように、薪の量を測るやり方にも色々とあり、ここに対立が存在するかはその実践のディテイルを見ないことには理解できない。すなわち、この想像上の人々のケースを、例えば私が比叡山に登ったのが小学生のときかどうかというような真理が一つに定まるべきケースと同様に扱うべきだということは自明ではない。このことをウィトゲンシュタインは確認しているのである。ウィトゲンシュタインのコメントは相対主義の主張ではなく、この非自明性の確認なのである。[6]

注意すべきは、「非自明性の確認」は、「我々とその人々の信念が対立していないということが自明だ」と主張することではないという点である。ウィトゲンシュタインが「我々は「これが彼らのやり方なのだ」と言うかもしれないのだ」と「かもしれない」としている点が決定的に重要である。ウィトゲンシュタインのコメントはここに対立が存在するかどうかは「よくわからない」ということなのである。

この「わからなさ」「非自明性」はどこから来るのだろうか。ウィトゲンシュタインによると、それは、薪を底面積に応じて売る人々の実践のポイントが不明確だということから来ている。講義の少し後のところで、ウィトゲンシュタインは「論理的狂気」と呼びたくなるような我々とは大きく異なる実践を営む人々について次のように言う。

［その］狂気とは次のようなものだろう。（a）その人々は、我々が「話す」とか「書く」とか呼ぶようなことをしている。（b）我々の語ること等と彼らの語ること等の間には、緊密なアナロジーが成立している。（c）それから、我々は突然、自分たちのすることと彼らのすることの間に完全な食い違いを見出す。その食い違いは、彼らのしていることのポイントが何もかも失われるように思わせ、それゆえ我々に「一体、そのようなことをするポイントは何なんだ」と言わせるようなものである。（LFM p.203／邦訳 p.382）

薪を底面積に応じて売る人々のケースに即して考えてみよう。ウィトゲンシュタインが言っているのは、そのケースで人々は確かに「薪の量を測る」「薪を売る」と呼びたくなるような活動をしているのだが、文字通りにその人々が薪の売買をしているのだと考えると、そのようなやり方をするポイントが理解できなくなる、ということである。その実践のポイントが理解できないため、その

6 関連する考察として一九三七年の草稿で、重さを量るという実践の多様性が言及されている箇所を挙げることができる（UW pp.402-404／邦訳 pp.49-51）。

人々の活動を合理的な人間の活動として理解できなくなる、というのである。

ここで言われている「ポイント」とは、その実践の目的、勘どころのことである（cf. PI 564-567）。例えば、二人の兄弟がおもちゃを使う順番を決めるというケースを考えてみよう。このとき保護者は、ジャンケンで決めさせるということはあっても、腕相撲で決めさせるということはないだろう。それは、その実践のポイントは兄弟の能力を反映させない形で順番を決めるということにあるからである。腕相撲にすると、いつも兄の方が勝ってしまうのだから、その決め方では目的が達成されないのである。これに対して、高校野球で甲子園に出場する学校を決めるという実践では事情が違い、地方大会を勝ち抜いた学校の野球部が夏の甲子園に出場することになる。これは、この実践においては野球部の能力を反映した形で出場校を決めることにポイントがあるからであり、「今年は地方大会はやめて、出場校をジャンケンで決めよう」と言ったとしても、誰も納得しないだろう。[7]

ウィトゲンシュタインが言っているのは、薪を底面積に応じて売る実践のポイントが理解できないため、そこでどのような信念が問題となっているのかが理解できないということである。同じ体積の薪に対して、この人々は「この薪の束はあの薪の束よりも量が多い」と言うのに対して、我々は「この薪の束はあの薪の束と同じ量だ」と言う。だが、この人々の実践のポイントを理解できない以上、ここに信念の真理に関する対立が存在するかどうかは不明確なのである。

これは逆に言うと、更にその想像上の実践の詳細を埋めていき、実践にポイントが与えられれば、我々の信念とこの人々の信念が対立しているかどうかも判断できるようになるということである。

ウィトゲンシュタインは講義の中でそのようなケースとして、次のような想像をしている。

彼らの行動に関して、私が諸君に次のような歴史的説明を与えるとしてみよ。(a) これらの人々は薪を売ることによって生計を立てているのではない。したがって、薪の売買からどれほどの収入があるかはさほど重要ではない。(b) 大昔の偉大な王が、高さは同じにして底面積のみを測ることで薪の値段を計算するようにと人々に命じた。(c) 彼らはそれ以来そのようにしている。ただ、後になると薪の高さについて気に掛けないようになった。――こうした次第であったとして、何が問題なのか。彼らはそうしている。それで彼らは問題なくやっているのである。これ以上何が必要だというのか。(LFM p.204/邦訳 p.383)

すなわち、この想像によると、この人々のやり方には歴史的経緯があり、また薪の売買の実践のポイントは利益を上げることではない。こう考えれば、この実践のポイントは通常の薪の売買の実

7 ただし、能力を反映させることだけが、その実践のポイントであるわけではない。というのも、もしそれのみがポイントなのだとしたら、「決勝で負けてしまったけれども、こっちの高校の方が実力があり甲子園で勝ち抜けそうだから、こっちを県の代表にしよう」といった判断を下すこともできてしまうのだが、そのように言う人は高校野球という実践の勘どころがまったくわかっていないと言わざるをえない。高校野球をめぐる実践のポイントは思いのほか複雑なのである。

践のポイントとは異なっており、この人々の「この薪の束はあの薪の束よりも量が多い」という信念と、我々の「この薪の束はあの薪の束と同じ量だ」という信念の間には対立はない、というのである。

さて、この話の教訓は何であろうか。薪を底面積に応じて売る人々についてのウィトゲンシュタインの議論から、何が言えるだろうか。

それは、ウィトゲンシュタインは相対主義者だ、というものではない。ウィトゲンシュタインは同じ薪の束について、我々が「この薪の束はあの薪の束と同じ量だ」と言い、この人々が「この薪の束はあの薪の束よりも量が多い」と言うとしても、そこに対立が存在することは自明ではないとする。だが、これは相対主義的な主張ではなく、同じ表現を用いていても、それにより言われていることが何かを理解するためにはその表現の使用の現場、そして、その背景となる実践をよく見る必要がある、というウィトゲンシュタインの現場主義にすぎない。

ウィトゲンシュタインは底面積に応じて薪を売る実践に歴史的ポイントが与えられた場合、我々とその人々の信念は対立していないと考える。だが、このような「薪の量」についての相対性を認めることは、相対主義を認めることではない。我々の実践とこの人々の実践は異なるポイントを持つ実践であり、ここに対立はない。それは例えば、冷蔵庫の棚に牛乳が二、三滴こぼれている状況を「冷蔵庫に牛乳が残ってる」と記述することもあれば、しないこともあるということと同じである。そのように記述をするポイントが、冷蔵庫の掃除のいい加減さを指摘することにあるのだとしたら、この記述は真理を表しているが、紅茶に入れる牛乳の有無を伝えることにそのポイントがあるのであれば、真理を表さない。記述のポイントが異なれば、同じく「冷蔵庫に牛乳が残ってる」という文を用いていても、その真偽を判定する方法は異なる。これは当たり前の事実であり、この事実を受け入れることは、「どのような実践も同等に信念の真偽を決定する権限を持つ」とする相対主義のテーゼ（2）を支持することではないのである。

薪を底面積に応じて売る人々についてのウィトゲンシュタインの議論から得られる教訓は、ここでも言葉の見た目に惑わされずにどのような実践が行われているのかをよく見なければならない、というものである。ある人が何かを言い、別の人がその言葉の否定を口にするとき、我々はそこに真理に関する対立があるのだとただちに思い込んでしまう。このためウィトゲンシュタインの「我々は「これが彼らのやり方なのだ」と言うかもしれないのだ」というコメントは相対主義を支持するものに見えてしまう。しかし、ウィトゲンシュタインが言っているのは、言葉ではなくその使用をよく見よ、ということなのである。そして、薪を底面積に応じて売る人々のケースは、よく見ると、それほど単純なケースとは言えないということが理解できる。その人々が「この薪の束はあの薪の束よりも量が多い」と言い、我々が「この薪の束はあの薪の束と同じ量だ」と言うとしても、ここに信念の真理についての対立があるということは自明ではない。我々は言葉の背景にある実践のポイントを見極めることでしか、ここに対立が存在するかどうかを理解できないのである。[8]

4　科学、宗教、合理的な人間的活動

ラコタ族と考古学者のケースに戻って、ここまでのウィトゲンシュタインの議論がこのケースとどう関わるかを考えてみよう。ラコタ族が「最初のアメリカ人は地下世界から現れた」と言い、考古学者が「最初のアメリカ人はベーリング海峡を渡ってきたアジア人である」と言うとき、我々はこの対立をどのように理解すればいいのだろうか。

この問題に対するウィトゲンシュタイン的アプローチは、両者が「対立している／いない」とか「どちらも正しい／どちらかが正しい」とただちに結論を出すことではなく、それぞれの実践をよく見ることを勧める。確かに両者の信念は「最初のアメリカ人」という同じ言葉を用いて表現されうる。しかし、表現が同じだからと言って、同じ信念が問題となっているとは限らない。それぞれの言葉が埋め込まれた実践のポイントを見極めることが重要なのである。

とりわけこのケースを考えるにあたって重要なのは、ラコタ族の信念は宗教的な実践を背景としているということであろう。ラコタ族の信念は神話や伝説を受け入れて生きる彼らの実践を背景としている。そのような実践のポイントは、ＤＮＡの分析結果や発掘された遺跡といった科学的証拠

を説明するというところにあるとは限らない。考古学者の実践のポイントが、その種の証拠を説明し、より的確な仮説やモデルを構成することにあるのに対して、ラコタ族の実践のポイントはそれとは異なる宗教的なものなのだとしたら、ここに信念の真理についての対立があると考える必要はないのである。[9]

さて、ここまで来て、「やっぱりウィトゲンシュタイン哲学は相対主義的じゃないか」と疑問に思われるかもしれない。すなわち、ウィトゲンシュタイン哲学は結局、ラコタ族の「最初のアメリカ人は地下世界から現れた」という信念も正しいものとして認めてしまう。従って、例えば高校の世界史の授業で考古学者の見解とラコタ族の見解のどちらを教えてもいいということになる。そして、そうだとしたら、同様に生物の授業で進化論と創造科学[10]のどちらを教えてもよいし、日本史の時間に記紀神話に基づいて神武天皇は実在すると教えてもよいし、歴史学的観点からその実在には疑問があると教えてもよい[11]、ということになってしまう。そして、これはもはや「なんでもあり」の相対

8 『探究』においてウィトゲンシュタインは言語に関して「見通しのよい表象（die übersichtliche Darstellung/surveyable representation）」を与えることが重要であるとし、そのために、中間的なケースを想像することが重要であると述べるが（PI 122）、この薪を底面積に応じて売る人々は、まさにそのような中間的なケースだと考えることができる。

9 ただし、二つの実践がポイントを共有していないということは、そこに真理に関する対立がないということを一般的に含意するわけではない。ここでも重要なのは、そこに真理に関する対立があるかどうか「よく見る」ことである。

10 創造科学とは、キリスト教の原理主義的な立場を背景に進化論を否定する理論を提示する活動のことである。その科学哲学的分析として、伊勢田（2003）を見よ。

主義ではないか。こう思われるかもしれない。

この疑問に対しては、ウィトゲンシュタインは実践の多様性を強調するものの、それは「なんでもあり」を認めるものではない、と答えることができる。確かにウィトゲンシュタインは多様な実践をよく見るように勧める。ウィトゲンシュタイン的観点からすると、例えば、ラコタ族の信念を性急に「間違い」と断定すべきではない。だが、そのように実践の多様性を強調することは、実践なら「なんでもあり」とすることではない。ここではウィトゲンシュタインが「なんでもあり」にストップをかける点を二点確認しておきたい。

一点目は、もし実践のポイントが共有されているなら、異なる実践の間に優劣がありうるということである。考古学者とラコタ族の実践を考えてみよう。先にウィトゲンシュタイン的な考えとしたのは、考古学者の実践とラコタ族の実践のポイントが異なるとしたら、両者が同じ内容の信念を問題にしているとは言えず、従って、ラコタ族の「最初のアメリカ人は地下世界から現れた」という信念は間違っていると言わねばならないわけではない、ということである。

しかし、この考えはもし両者がポイントを共有しているなら、どちらかが正しいと考えることと両立する。すなわち、もしラコタ族が科学をやっていて、科学的主張として「最初のアメリカ人は地下世界から現れた」と言っているのだとしたら、ラコタ族の信念は間違いで考古学者の信念が真理を表すと言わざるをえないということをウィトゲンシュタインは認めることができるのである。もし証拠を説明し、また的確な仮説やモデルを構成することがラコタ族の実践のポイントなのだとしたら、ＤＮＡの分析結果や発掘された遺跡からのデータといった強力な証拠を無視するようなやり方で営まれる実践には、問題の信念の真偽を決定する権限はない。こう考えることができる。[12]そして、更に言うならば、高校の歴史の授業や生物の授業は「科学的」知識を教える場である以上、ラコタ族の信念と考古学者の信念、あるいは創造科学と進化論のどちらを教えてもよいということにはならない。この点でウィトゲンシュタイン哲学は「なんでもあり」を認めはしないのである。

ウィトゲンシュタイン自身は宗教的実践を一種の「遅れた科学」と見なして、「間違い」と断定することには批判的である。ウィトゲンシュタイン的観点からすると、そのような態度はすべての事柄に科学的思考の形式を当てはめようとする悪しき科学主義でしかない。[13]だが、そうだとしても、**もしラコタ族が科学をやっているのだとしたら**、その信念は間違いと断定してよいのである。

ウィトゲンシュタインが「なんでもあり」に歯止めをかける第二の点は、ウィトゲンシュタイン

11　『角川新版　日本史辞典』では、神武天皇について「神代と人代を結ぶ位置にあり、大和政権の始原を説明するために設定された人物であるが、そこにどれだけの史実の反映をみるかについては種々の説がある（朝尾・宇野・田中 2010, p.563）」とされている。

12　実際、『確実性の問題』においては、ウィトゲンシュタインは経験的事実の理解に関しては科学を受け入れることが合理的であることの構成要素であると示唆している（OC 324）。

13　これは「フレーザー『金枝篇』について（BFGB）」において繰り返し強調される点である。

がポイントの理解できない実践はまともな人間的活動を営むものとして理解できない、としている点である。薪を底面積に応じて売る人々についてのウィトゲンシュタインの議論を思い出して欲しい。ウィトゲンシュタインはその実践のポイントが理解できないとき、それは「論理的狂気」と呼びたくなると考えていた。すなわち、もしその実践が薪の売買で利益を上げることを目指しているのだとしたらあまりに不合理であり、まともな人間の活動としてその実践を見ることはできないとウィトゲンシュタインは考える。（実際、我々は一度買った薪を底面積が増えるように積みなおして返品することで、その人々から利益を上げることができてしまうであろう。）

合理的な人間的活動として見ることができるかどうかという点への注目は、「なんでもあり」に歯止めをかける。合理的な人間的活動として見ることができない実践については、そこで「信念」が問題となっているのかすらわからなくなる。そしてこのため、その実践が信念の真偽を決定する権限があるのかどうかも理解できなくなるのである。

このように少なくとも以上の二点により、ウィトゲンシュタインは「なんでもあり」の相対主義から距離を取ることができる。ウィトゲンシュタインは実践の多様性を強調するが、相対主義者ではないのである。

5　不可解なものを理解しようと努めること

ここまででウィトゲンシュタインは「なんでもあり」の相対主義者ではないと示すことができた。しかし、前節の最後の議論を読んで、今度は逆に「結局、ウィトゲンシュタインは絶対主義者ではないか」と思った人もいるかもしれない。

前節の最後で論じたのは、ある実践を「合理的な人間的活動」として理解できなければ、その実践においてどのような信念が問題となっているのかも理解できないとする点で、ウィトゲンシュタインは「なんでもあり」を許容していないということであった。しかし、このウィトゲンシュタインの立場は、つまりは「我々に理解できない実践はまともな実践として認めない」ということであり、我々の実践に絶対的な権威を与えるものとなっている。このように考える人もいるかもしれない。

しかし、そのように考えるのは誤解である。ウィトゲンシュタインの立場は自分に理解できないものを切って捨てる絶対主義ではない。ウィトゲンシュタインの議論の目指すところは、むしろその逆であり、自分に理解できない者を理解しようと努めるよう我々に促すところにある。

重要なのは、ウィトゲンシュタインが薪を底面積に応じて売る人々の実践のような不可解な実践を「間違いだ」とか「ナンセンスだ」と言わず、「よくわからない」とする点である。自分たちに理解できないものをただちに切り捨てるのではなく、まずはよくわからないことを確認したうえで、更に「よく見る」ことをウィトゲンシュタインは勧める。自分たちと異質なもの、自分たちに不可解なものに対してとるべき態度は、それを理解しようと努めることなのである。[14]

少しシフトを緩めて、最後にウィトゲンシュタインと相対主義の関係をまとめておこう。ウィトゲンシュタインは形而上学的実在論や科学主義を否定する。しかし、その否定のポイントは「なんでもあり」の相対主義を支持することにあるのではない。そうではなく、ウィトゲンシュタインがそれらを否定するのは、これらが多様な実践を「よく見る」ことを妨げるからである。これらの立場からすると、不可解な実践を前にしたとき、我々はそれを「事実に反する」とか「非科学的だ」と却下しても問題はない。事実はとにかくそこにあるものであり、我々の実践がその事実を正しく記述しているという点に自信がある限りで、不可解な人々を真面目に受け止める必要はないと思われるのである。しかし、ウィトゲンシュタインによると、それは自分たちのものと異なる実践に対してとるべき適切な態度ではない。我々は不可解なものをまず不可解であると認めた上で、その人々に応答し、理解しようと努めるべきなのである。この意味で、「よく見る」ことこそが世界を適切に捉える道なのである。

6　要点のおさらい　他者の呼びかけに応えること

ウィトゲンシュタインは形而上学的実在論や科学主義を否定して、実践においてこそ何が真理であるのかが決まるのだと考える。このとき、ウィトゲンシュタインは「なんでもあり」の真理の相対主義を支持しているようにも見える。しかし、相対主義は自己論駁的であり、もしウィトゲンシュタインが相対主義者なのだとしたら、ウィトゲンシュタイン哲学には重大な欠陥があるということになる。

この章ではこれに対して、ウィトゲンシュタインが相対主義的に見える箇所として『講義』の薪を底面積に応じて売る人々に関する議論を検討し、ウィトゲンシュタインは相対主義者ではないと論じた。薪を底面積に応じて売る実践のような不可解な実践を前にしたとき、ウィトゲンシュタインが勧める態度は、その実践をよく「見る」よう努めることである。すなわち、その人々を理解しようと努めるようウィトゲンシュタインは促すのである。ウィトゲンシュタインからすると、その実践のディテイルをよく見ずに、「それも一つの実践であり、正しい」と認めてしまう「なんでもあり」の相対主義も、「そのような実践は不合理であり、間違いだ」と切って捨てる絶対主義も、どちらも不適切なのである。不可解な他者に出会ったとき、まずは不可解さを認め、その他者の呼びかけに応えようとすること。相対主義ではなく、このような態度こそがウィトゲンシュタイン哲学に

14　この点でウィトゲンシュタインの議論は、ドナルド・デイヴィドソンによる相対主義批判の議論とは異なる。デイヴィドソンの議論は、Davidson（1974）を見よ。

よって支持されるものなのである。

終章
ウィトゲンシュタインのはしご

1　哲学的像からの解放

　序章で「ウィトゲンシュタイン哲学によってもたらされるよき生とはどのようなものか」という問いがこの本をガイドする問いであると述べた。この最終章ではこの問いに答えなければならない。

　この問いに答えるために、まずは「ウィトゲンシュタイン哲学はよく生きるためのどのような手がかりを与えてくれるのか」という問いから始めよう。いわば、ウィトゲンシュタイン哲学が我々に与えるはしごがどのようなものか、ということをまずは考え、そのうえで、そのはしごを登ったときにどのように世界が見えるのか、ということを明らかにすることを目指すのである[1]。

　ウィトゲンシュタインの与えるよく生きることへの手がかり、はしごは、大雑把に言って二つに分けられる。一つは、ウィトゲンシュタイン自身の議論を通して我々を惑わす哲学的像から解放される、というものである。ここまで見てきたように、ウィトゲンシュタインはとりわけ言語の働き方についてのミスリーディングな哲学的像の明確化を行い、そこから我々を解放しようとしてきた。すなわち、アウグスチヌス的言語像、規則の問題における「決定」に関する哲学的像、そして私的言語の「私的」をめぐる哲学的像である。

これらは、いずれも形而上学的実在論と関係する哲学的像である。形而上学的実在論とは、世界を「とにかくそこにある」ものとし、言語はそのような世界に対応することで意味を得る、という見方であった。アウグスチヌス的言語像はまさに「言語における語は対象を名指す。——文とはそのような名前の結合である」という仕方で言語の本質を把握しようとするものであり、特定のモデルと結びつき形而上学的実在論へと展開されうるものとなっている。あるいは規則の問題における「決定」の像もまた形而上学的実在論と結びつく。それは、例えば「+2」の数列が神秘的なイデア的実在の世界に「とにかくそこにある」という仕方で「決定」されているものであり、我々の用いる表現はそれに対応しているとする像だからである。更に私的言語に関する「私的」の像も、「とにかくそこにある」ような所与の世界として「心の世界」を考え、心に関する言葉はそのような世界に対応づけられることで意味を持つというような考えに我々を導くのであった。

ウィトゲンシュタインによると、これらの哲学的像は特定のモデルと結びついて我々の実践を「よく見る」ことを妨げる。ウィトゲンシュタインは『探究』の中で哲学をする際に我々はディティルの検討をおろそかにしてしまうと述べている。

1　ここでは自身の哲学的解明を「世界を正しく見る」ための「はしご」に喩える『論考』六・五四節を意識している。本書では『論考』ではなく、後期ウィトゲンシュタインの哲学を論じたが、この点において後期哲学と『論考』には一定の連続性があると思われる。

もし私が、ネズミは灰色のぼろきれや塵から自然に発生してくると想定したいのならば、ネズミがぼろきれに隠れることがいかにして可能なのかとか、ぼろきれに入り込むことはいかにしてできたのかとか、といったことを知るためにそのようなぼろきれを詳細に調べるのがよいだろう。これに対して、私がネズミがそのような物から生じることはありえないと確信しているなら、おそらくそのようなことを調べるのは余計なことであろう。

だが、哲学においてそのようなディテイルの考察を妨げているものが何であるのかを、我々はまず理解せねばならない。（PI 52）

台所にネズミがいたとき、そのネズミが台所のごみの中から自然に発生してくると想定したいなら、単にそのように「想定する」と言うだけではだめで、その発生の仕組みがどのようなものなのか、といった問いに関心を示し、ディテイルを検討するような実践に参与する用意がなければならない。ところが、哲学において我々はそのようなディテイルの考察から遠ざかってしまう。このようにウィトゲンシュタインは考える。

ディテイルの考察を妨げるものは、哲学的像へのこだわりであると言うことができる。すなわち、我々は哲学的像により知的めまいを覚え、そこには何か哲学的な一般的理論により説明されねばならない問題があると考えてしまう。しかし、重要なのはむしろ、哲学的像から解放され、個々の実践をよく見ること、なのである。

リアルな世界、実在の世界とはどのようなものであり、それについて語るとき我々が何をしているのかを知りたければ、我々は個々の実践を「よく見る」ことが大事である。ところが、ウィトゲンシュタインが論じている様々な哲学的像は我々が実践をよく見ることを妨げるのである。そのような例として、前章では相対主義の問題を見た。様々な哲学的像にとらわれ、形而上学的実在論の観点から思考するとき、我々は不可解な人々の実践を理解しようと努めることを妨げられてしまう。というのも、「とにかくそこにある」世界を捉える手段——科学——を我々が所有している限りで、不可解な他者の呼びかけに応える必要はないと感じられてしまうのである。

2 「哲学する」ことを学ぶ

ウィトゲンシュタインの与えるよく生きるための第二のはしごは、ウィトゲンシュタイン的な哲学のやり方、である。すなわち、ウィトゲンシュタイン哲学を学ぶことで、我々は自分自身が人生の中で出会う像から解放される方法を学ぶことができるのである。

我々は多くの当たり前に取り囲まれながら生きている。そのような当たり前の中には、自分が意識的に自身のコミットメントとして選び取ったものもあるかもしれない。しかし、多くの場合、我々は何となく「世間で言われていること」を受け取り、また刷り込まれてしまっている。序章で論じた「美人は得だ」とか「教師は親と同じだ」とかいった当たり前はまさにそのようなものだろう。我々はそのような当たり前にリードされ、色々な場面でその都度その都度、それに振り回されてしまう。

序章で論じた育休の例をもう一度考えてみよう。(もう一度念のために言っておくと、遺恨があるわけではないです。いや、ほんとに。)私の育休取得に反対した先生の推論は次のようなものであった。

①教師は親と同様である。
②親は休めない。
∴③教師は休めない。
∴④教師は育休を取るべきではない。

序章で論じたことを像とモデルという用語を用いて述べ直してみよう。我々は「①教師は親と同様である」や「②親は休めない」という像を持つ。ここでこの二つの像をどのようなモデルで明確化するかが重要となる。これらの像を「小さい子どもとそれを世話する親」というモデルで捉え、親の休めなさを世話をする責任(ケア責任)が潜在的に無際限であることとして理解してみよう。この場合、確かに休暇を取ることなどできないし、取るべきではない、とも思われる。しかし、このモデルに依拠する場合は、教師は子どものお世話係ではないのだから「①教師は親と同様である」という前提は拒否される。このため「③教師は休めない」という帰結を経由して、「④教師は育休を取るべきではない」という結論にたどり着くことはできなくなる。

そこで「①教師は親と同様である」と「②親は休めない」という像を「途切れることなく続く親子関係」をモデルとして明確化するとしたらどうだろうか。この場合は①と②の前提から「③教師は休めない」という帰結までたどり着けそうである。しかし、このときには「③教師は休めない」という帰結が意味しているのは、師弟関係は途切れることなく続くという意味であり、教師が業務をしているかどうかは「休む」ということとは無関係である。従って、「④教師は育休を取るべきではない」という結論にはやはりたどり着けないのである。(更に言うと、教師であり続けるということの中には学生のロールモデルとなるということも含まれているとしたら、「男性も育児に真剣に関わることで男女平等な社会を作っていく」というような生き方のモデルを与えるためにも、教師、特に男性の教師は積極的に育休を取るべきだという結論が出てきそうである。)

「教師は親と同じだ」などと言われると、私なんかはつい「まあ、そうだよね」と思ってしまう。この言葉は何かきれいなことを言っているように思え、耳に心地よく響く。それは一種の当たり前なのだ。ところが、このような当たり前は、しばしばその内容が不明瞭であり、どのようなモデルに従って理解されるべきかは自明とは言えない。そしてここに問題が生じる。我々は不明瞭な像を不明瞭なまま自身のコミットメントとして引き受け、そこに知らず知らずのうちに特定のモデルを結びつけ、そこから根拠のない結論を導いてしまう。育休の例では、複数のモデルを知らず知らずのうちに交錯させ、「④教師は育休を取るべきではない」という結論を導いてしまうのである。

育休の例が像とモデルという用語で整理できることからも明らかなように、ウィトゲンシュタインの哲学は、我々が出会うこのような場面で、自身のコミットメントを見極める方法を教える。当たり前として現れる像に対して、それをいかに明確化し、自身のコミットメントに値するのか、値するとしたらそれはどのような意味でなのか、といったことを吟味するやり方を我々はウィトゲンシュタインから学ぶことができる。いわば日々自分で「哲学する」ためのノウハウをウィトゲンシュタイン哲学は教えるのである。

3　誠実に生きるために

ウィトゲンシュタインの与える二つのはしごは、像から我々を解放する。それにより我々は地に足をつけて立ち、自分自身のリアルな生を取り戻すことができる。個々の実践を「よく見る」ように促されることで、我々は自分の生活のディテイルへの関心を取り戻し、また当たり前とされている像を吟味することで、我々はそのような像がもたらす根拠のない感情や結論を退けることができる。このとき、どのような意味で「よく生きる」ことが達成されるのだろうか。

一つは「**誠実に生きる**」ということである。像にとらわれ、それに従って行為するとき、我々はしばしば自分が本当に受け入れているわけではない「当たり前」の圧力の下で他者と接することになる。そしてそのことはときに他者を傷つけたり、あるいは他者の可能性を不当に制限したりということにつながる。

我々は一般的に「そう言われている」こと、「まあ、そうだよね」とされることを背景として思考し、行為している。これは何も特別なことではなく、我々の日常的なあり方である。実際、我々は「まあ、そうだよね」という規範からまったく自由に生きることなどできないだろう。序章で挙げたような知覚の信頼性や道徳的善悪の区別といった当たり前を当たり前として認識できない人は社会的生活を営むのに困難を覚えるはずである。[2]

だが、いつもいつも「まあ、そうだよね」に従って振舞うのでは誠実な生き方とは言えない。というのも、それは借り物のコミットメントに従って行為することだからである。成長する中で世間から刷り込まれてきたコミットメントをその妥当性を吟味することなく振り回すのは、ときに無責任で危険ですらある。必要なときには、我々は当たり前を吟味し、それが自身のコミットメントに

2　この段落の議論はハイデガーの「世人(せじん)（das Man）」論から示唆を得ている（Heidegger 1993, pp.113-130／邦訳 pp.295-336）。その際に、高井（2020）にかなりの程度依拠している。また池田（2018）も参照した。

値するかどうかを見極めねばならない。[3] そして借り物のコミットメントではなく、自分自身のものだと言うことができるコミットメントに従って思考し、行為すること。自分自身の責任で他者と接すること。この意味での「誠実に生きること」は、充実した生、よき生の一部であろう。そしてウィトゲンシュタイン哲学は、まさにそのための方法を我々に教えてくれるのである。

重要なことに、ウィトゲンシュタイン自身も自分の哲学の意義をそのような意味での誠実さへの寄与という点に見出しているように思われる。よく引かれるエピソードではあるが彼の学生であったマルコムとのエピソードを見てみよう。[4] 一九三九年、『講義』のもととなった講義が行われた年のことである。ドイツでヒトラーの暗殺未遂事件があり、ナチス・ドイツ政府が、イギリス政府による扇動があったと非難したということがあった。ウィトゲンシュタインとマルコムが二人で散歩をしていたときにこの件が話題となり、マルコムはイギリス人は文明人だから、イギリス政府がそんなことをするはずはないとして、そのようなことをするのはイギリス人の国民性に反すると述べた。すると、ウィトゲンシュタインは激怒し、そんなことを言うのはマルコムがウィトゲンシュタインの哲学教育から何も学んでいないからだと激しい口調で非難した。

ウィトゲンシュタインはこの件を長く気にしていて、五年後、マルコムがアメリカに帰国した後に手紙でこの件を蒸し返している。

十一月十二日付けの手紙をありがとう。今朝、届きました。うれしかった。君がほとんど僕のことを忘れてしまっているのか、あるいはひょっとしたら、僕のことを忘れたいと思っているのではと考えていた。そう考える理由があったので。君のことを考えるときはいつでも、僕には非常に重要に思われるある出来事を思わずにはいられない。君と僕は、鉄橋の方に向かって川沿いを歩いていた。我々は激論を交わしていて、その中で君が「国民性（national character）」について述べたことがあまりに稚拙で、僕はショックを受けた。そのとき僕は思ったんだ。もし哲学を学ぶことによって、論理学なんかの難解な問題についてもっともらしく語ることができるようになるだけならば、そして、もし日常生活の重要な問いについての思考が改善されないならば、もし自分勝手な目的のために危険なフレーズを利用するジャーナリストと同じ程度の良心しかもたらされないならば、哲学を学ぶことは何の役に立つのだろうかと。確かに、「確実性」、「蓋然性」、「知覚」などなどについてきちんと考えるのは難しい。しかし、自分自身の生活と他の人々の生活について本当に正直に（honestly）考えること、あるいは、考えようとすることは、可能だとしても、もっとずっと難しいことなんだ。そして、問題はそういうことについて考えることは、まったく胸が踊るようなことではなくて、むしろ、しばしば胸がむかむ

3　吟味が「必要なとき」がいつなのかは、どのようにして判断すればよいのだろうか。それを知るには感受性や想像力を磨くことで判断力を身につけていくしかない。関連する議論として大谷（2016b），（2020）を見よ。

4　大谷（2010），（2016a），古田（2018），pp.224-225, Sluga（2011），pp.133-134 なども見よ。

かするようなことだということだ。そして、胸がむかむかするようなときこそ、最も重要なんだ。(Malcolm 1984, p.35 /邦訳 pp.41-42)

マルコムからの手紙がしばらく無かったときに、ウィトゲンシュタインはマルコムが自分を敬遠しているのかと思ったのだと言う。なぜそういう話になるのかはあまりよくわからないが、ウィトゲンシュタインがマルコムの発言に激怒した理由はよくわかる。マルコムは「国民性」という言葉により提示される不明瞭な像に導かれ、適切な吟味をしていたならば引き出さなかったであろう「イギリス政府がヒトラーの暗殺計画を扇動するはずがない」という結論を引き出してしまっている。ところが、言葉の用いられる現場を徹底的に吟味し、そのような像にミスリードされない仕方をこそ、ウィトゲンシュタインの哲学は教えていたはずなのである。

ウィトゲンシュタインの手紙に関して指摘したいのは、哲学は「確実性」「蓋然性」といった専門的な主題だけでなく、日常的な事柄に関しても我々を向上させるべきものだとウィトゲンシュタインが考えていること、そして、その点が「正直に考える」という仕方で特徴づけられていることである。この「正直さ」は「誠実さ」と言い換えてもよいだろう。ウィトゲンシュタインの哲学は、我々をとらえる像を徹底的に明確化し、自分のコミットメントに値するものが何であるのかを見極めることを教える。ウィトゲンシュタインにとって哲学という活動は、専門的な哲学という学問の中だけでなく、我々が誠実に生きるという意味でのよき生を可能とするためのものだったのである。

4　自分自身を取り戻すために

ウィトゲンシュタイン哲学は自身のコミットメントを見極めつつ他者と接することを教え、それにより「誠実に生きる」という意味での「よく生きる」ことの助けとなる。だが、自身のコミットメントを見極めることとは、単に他者に適切な仕方で接するということにだけ関係しているわけではない。それは自分自身のリアルな人生を生きることとも結びつくのである。私の考えでは、ここにウィトゲンシュタイン哲学が提示する「よき生」に関わる第二のポイントがある。すなわち、ウィトゲンシュタインを通して、我々は**自分自身を取り戻す**ことができるのである。

「自分自身を取り戻す」などと言うと、何か「本当の自分自身」のような怪しげな観念、そして、それを支える形而上学的実体を想定しているかのように思われるかもしれない。だが、「自分自身を取り戻す」と口にした瞬間に形而上学へと引きずり込まれるわけではない。ウィトゲンシュタインの私的言語論は、そのような想定へとミスリードされないよう我々に反省を迫るものであった。そのことを踏まえ、「自分自身を取り戻す」という言葉の使用の現場が見極められているならば、その言葉を口にすることを恐れる必要はない。

「自分自身を取り戻す」とは、形而上学的実体を想定することではなく、重要な意味で自分のもののと言いうるようなコミットメントに従うことである。先にも述べたように、我々は様々な「当たり前」に取り囲まれている。そのような当たり前に、その都度その都度振り回されているとしたら、我々は重要な意味で「自分自身のもの」とは言えない考えにより何かを感じ、考え、行為しているということになる。ウィトゲンシュタインの哲学は様々な当たり前の中から、本当の意味で自分のコミットメントに値することを見極めるやり方を教えることで、自分が自分自身として生きることを可能とするものなのである。[5]

ウィトゲンシュタインの哲学は、様々な謎を解く単なる知的パズルではない。それは、自分自身のリアルな人生を生きたい、という私の切実な願いを満たすために何をすればよいかを示唆してくれる。すなわち、何となく刷り込まれている言葉に振り回されて生きるのではなく、自分の人生を自分のものとするという切実な課題を遂行することをウィトゲンシュタイン哲学は助けてくれるのである。

繰り返しになるが、ウィトゲンシュタイン哲学は自分自身を取り戻すという意味で「よく生きる」ことの助けとなる。もちろん、ウィトゲンシュタイン哲学さえあれば万事うまくいく、というわけではない。例えば、職場で上司に育休の取得を反対されたときに、「その考えは間違っています」と誰もが言い返せるというわけではないだろう。私の場合は、私に反対した先生は年配の偉い先生であったとはいえ、教員同士という比較的フラットな関係にあったことと、その先生との間に一定の信頼関係が成立していたことで、（納得はしてもらえなかったものの）反論することもできた。しかし、実際にはいつもいつもそういうわけにはいかないだろう。

しかし、「当たり前」の圧力にさらされたときに、単に「色々な考えがある」というような仕方で状況を理解するのではなく、自分の方が正しいと理解していること、あるいは、少なくとも相手の考えが不明瞭な像でしかなくその結論は根拠を欠く、と知っていること。これは生きていくうえでの力になる。この意味でウィトゲンシュタインはよく生きることの助けとなるのである。

5　単に自分自身のためでなく

ウィトゲンシュタイン哲学は、我々に「よき生」「充実した生」をもたらす。それは、我々が誠実に生き、また自分自身を取り戻すための助けとなる。

ここで「そうだとすると、ウィトゲンシュタイン哲学というのはずいぶんと射程の狭い哲学ではないか」と疑問に思う人もいるかもしれない。すなわち、ウィトゲンシュタイン哲学がもたらすのは結局のところ個人の悟りのようなものでしかなく、哲学と社会の接点をほとんど見ていない、と

5　プラトンの描くソクラテスも『ゴルギアス』において、同様の目標を掲げ、哲学的吟味に従わないと、自分自身と調子が合わなくなると論じる（プラトン 1967, p.132)。この箇所の古典的な解釈としては Vlastos（1983）を見よ。

いうのである（cf. Rorty 2007, Sluga 2011, chap.8）。最後にこの疑問に対して、三つの論点を提示することで答えておこう。

第一に、ウィトゲンシュタイン哲学がもたらすのは個人の悟りでしかないと言われるとき、「個人の悟り」という言葉が「要するに本人が納得すれば何でもよい」ということを示唆しているのだとしたら、ウィトゲンシュタイン哲学はそのようなものではない。確かにウィトゲンシュタイン哲学は、何らかの基本的前提から直線的に結論を導く、というタイプの論証により成立しているわけではない。これまで見てきたように、その主要な方法は、哲学的像にあてがわれた様々なモデルを行きつ戻りつ吟味するというものである。しかし、「直線的な論証をしていない」ということは「論証をしていない」ということではないし、ましてや「哲学的吟味をしていない」ということでもない。ウィトゲンシュタイン哲学は本人が納得すれば何でもよいというような考えを許容しておらず、当たり前に受け入れられている事柄を支える理由に対する哲学的吟味に携わっているのである。

第二に、本書が描いてきたようなウィトゲンシュタイン哲学の方法を、ウィトゲンシュタイン本人が扱わなかった主題へと応用することはできる。後期においてウィトゲンシュタイン自身が扱う主題は、言語哲学を中心としたいわゆる理論哲学である。講義や遺稿では、宗教哲学や美学などについても論じているが、ウィトゲンシュタインは、例えば政治哲学のようなダイレクトに社会のあり方に関わる主題を集中的に考察してはいない。しかし、そのことは、ウィトゲンシュタイン哲学の射程は、ウィトゲンシュタイン本人が扱った主題に限定されるということを意味しない。

例えば、ウィトゲンシュタインの方法を政治哲学の話題へと応用し、我々の社会的、政治的生活を導く哲学的像を吟味するということは十分可能である。実際、「平等な社会」「正義にかなった社会」などといった我々の社会的、政治的理想は、これだけではその中身が不明瞭であり、「像」だと言うことができるだろう。このような像を明確にするモデルを提案することが政治哲学の重要な課題であるならば、ウィトゲンシュタインの哲学的方法がそこに貢献する余地は大きいのである。[6]

第三に、ウィトゲンシュタイン哲学が我々一人一人が自身のコミットメントを見極めることを助けるのだとしたら、それは一定の社会的成果でありうる。いま述べたように、確かにウィトゲンシュタインに政治哲学はなく、その意味ではウィトゲンシュタイン哲学は我々の社会の仕組みをダイレクトに問題にしているわけではない。例えば、社会的格差の解消や環境問題への取り組みについて、ウィトゲンシュタインから具体的な哲学的議論を引き出すことはできない。しかし、我々一人一人が重要な場面で自身のコミットメントを吟味するとしたら、そのことは一定の社会的成果となりうる。

6　私自身はジョン・ロールズの政治哲学をウィトゲンシュタイン的な方法論に依拠するものとして理解できると論じている（大谷 2016c）。また、ウィトゲンシュタインの「生活」や「実践」についてのコメントから、政治哲学的含意を導くことも可能である。古典的な試みとしては Pitkin（1972/1993）がある。近年の注目すべき成果としては Mouffe（2000）, chap.3 と Tully（2003）を見よ。

序章でソクラテスを引きつつ、「よく生きる」というウィトゲンシュタイン哲学の目的を確認したが、ここで再びソクラテスとの接点を確認することができる。[7] ソクラテスは個人的に人々と哲学的対話を重ねるだけで、市民の義務として要求された場合を除いては、公的な政治的活動を行わなかった。ところが、『ゴルギアス』という対話篇においてソクラテスは、自分こそが本当の政治の仕事をしているのだと述べる。

ぼくの考えでは、アテナイ人の中で、真の意味での政治の技術に手をつけているのは、ぼく一人だけだとはあえて言わないとしても、その数少ない人たちの中の一人であり、しかも現代の人たちの中では、ぼくだけが一人、ほんとうの政治の仕事を行っているのだと思っている。
(プラトン 1967, p.262)

哲学の(唯一ではないとしても)重要な使命は、我々一人一人を啓発し、我々がよく生きるのを助けることにある。そして、それは全体としての社会の変化に寄与することが期待されているのである。従って、ウィトゲンシュタイン哲学が我々一人一人が誠実に生きることを助けるのだとしたら、ウィトゲンシュタイン哲学がこの意味で社会的達成をもたらすことも期待されるのである。

もちろん、我々の社会はソクラテスが生きていた古代アテナイの社会とは大きく異なる。ソクラテスは、参政権を持つ市民がせいぜい数万人であり、市民は誰もが政治に直接参加する社会に生きていた。これに対し、我々の社会ははるかに大規模であり、また複雑な仕組みにより運営されている。このような社会を前にして哲学にできることなどないとも思える。だが、別に社会全体を一挙に何とかしようと考える必要はないだろう。本書を読んだ読者がウィトゲンシュタイン哲学を手掛かりに、少しずつ身の回りの社会を変えていくことができたなら、さしあたりそれは社会的達成なのだ。

7　ここで「ソクラテス」と言われているのは、プラトンの作品に描かれている限りでのソクラテスである。このソクラテスと歴史上の人物としてのソクラテスの関係については、様々な見解があるが（cf. Osborne 2006）、ここでは特定の見解を前提としていない。

読書案内

本書の後にもう一冊読んでみようと思った読者のために、簡単な読書案内をしよう。専門的な文献については注などで示したので、日本語で読めて、なおかつ、一般読者向けのものを精選して紹介する。

ウィトゲンシュタインの著作、講義

ウィトゲンシュタイン自身の著作としては、やはり後期ウィトゲンシュタインの主著である『**哲学探究**』を読んで欲しい。「簡単」とは言えないが、本書の読者であれば読みこなすことができると思う。翻訳は現在のところ次の三種類がある。

『**哲学探究**』藤本隆志（訳）、大修館書店、一九七六年。

『『**哲学的探求**』**読解**』黒崎宏（訳・解説）、産業図書、一九九七年。

『哲学探究』丘沢静也（訳）、岩波書店、二〇一三年。

藤本隆志訳は、ウィトゲンシュタイン全集の第8巻として出版されたものである。黒崎宏訳は、一九九四年出版の『ウィトゲンシュタイン『哲学的探求』第Ⅰ部読解』と一九九五年出版の『ウィトゲンシュタイン『哲学的探求』第Ⅱ部読解』の合本である。

三つの訳は一長一短でどれも決定版とは言い難いところがある。（古田（2014）が比較しているので、参照してみて欲しい。）どれか一つ選べと言われれば、藤本訳を薦めたい。一定の水準の哲学的理解に支えられ、また格調高い日本語で訳されている。明らかな誤訳が所々見られるのと、ハードカバーなので重いというところが難点ではある。

『探究』を手に取るのはまだハードルが高い気がするという人は、ぜひ講義の記録を読んで欲しい。目の前に学生がいるということもあるのだろうが、ウィトゲンシュタインは、講義の方が丁寧に説明をしていることが多い。一番のお薦めは本書でも頻繁に言及した次の本である。

『ウィトゲンシュタインの講義　数学の基礎篇　ケンブリッジ1939年』コーラ・ダイアモンド（編）、大谷弘・古田徹也（訳）、講談社学術文庫、二〇一五年。

「数学の基礎」というフレーズが入っているが、それほど難しい数学論があるわけではない。数学者のアラン・チューリングが講義に出席していて、ウィトゲンシュタインと議論の応酬をしているところも魅力である。言語、規則、命題といった後期ウィトゲンシュタイン哲学の基本的な話題について議論されていて、後期哲学への最良の入り口と言えるが、それだけでなく一冊の哲学書としてとてもおもしろい。訳者としてのひいき目もあるかもしれないが、お薦めの一冊である。ぜひ買って読んで欲しい。

講義ということであれば、他に『青色本』をお薦めする。こちらは純粋な講義の記録ではなく、ウィトゲンシュタインが講義の代わりに回覧させたノートである。一九三三―一九三四年の学期にケンブリッジでの講義に学生が集まり過ぎたので、ウィトゲンシュタインは自分の考えを数名の学生に対して口述筆記させ、それを講義の代わりとして回覧させたというのである。「そんなことが許されるのか」という感じだが、内容的には非常に刺激的な哲学書となっている。ただ、時期的にはまだ『探究』の執筆前であり、成熟した後期哲学が完成しているわけではないという点に注意が必要である。翻訳は次の三種類がある。

「**青色本**」大森荘蔵（訳）『ウィトゲンシュタイン全集　第6巻』大修館書店、一九七五年。
『『**論考**』『**青色本**』**読解**』黒崎宏（訳・解説）、産業図書、二〇〇一年。
『**青色本**』大森荘蔵（訳）、ちくま学芸文庫、二〇一〇年。

ちくま学芸文庫版は全集版の訳を文庫化したものであり、野矢茂樹による解説も掲載されている。

前期ウィトゲンシュタインを読みたいという場合は、まずは『論理哲学論考』を読むことになるだろう。『論考』の訳はたくさん出ていて、私も全部チェックしたわけではないのだが、哲学的な理解の確かさと、文庫で持ち運びやすい、という点で次を薦めておく。

『論理哲学論考』野矢茂樹（訳）、岩波文庫、二〇〇三年。

他にウィトゲンシュタインの様々な著作から重要箇所を抜粋し、一冊にまとめたものとして、次の本がある。

『ウィトゲンシュタイン・セレクション』黒田亘（編）、平凡社ライブラリー、二〇〇〇年。

抜粋するというのは前後の脈絡をカットするということなので、抜粋を読むというのは古典的な哲学書の読み方としてはどうかとも思うのだが、黒田によるこのセレクションは確かな哲学的理解に基づいて一定の長さの箇所を抜粋しているので、いちおうは薦められる。

伝記など

ウィトゲンシュタインはパーソナリティも興味深いので、伝記などを読むとおもしろい。お薦めは、本書でも何度か言及したノーマン・マルコムのものである。ウィトゲンシュタインの強烈な個性をマルコムが温かく描いている。

ノーマン・マルコム『ウィトゲンシュタイン――天才哲学者の思い出』板坂元（訳）、平凡社ライブラリー、一九九八年。

決定版の伝記は次のレイ・モンクによるものである。二巻本の伝記で、残念ながら絶版のようだが、古本ではまだ手に入る。

レイ・モンク『ウィトゲンシュタイン――天才の責務』〈1〉〈2〉、岡田雅勝（訳）、みすず書房、一九九四年。

解説書

『論考』の解説書としては、次の二冊がお薦めである。私自身はどちらの解釈にも完全に同意するわけではないが、わかりやすくおもしろい入門書である。

野矢茂樹『ウィトゲンシュタイン『論理哲学論考』を読む』ちくま学芸文庫、二〇〇六年。
古田徹也『ウィトゲンシュタイン『論理哲学論考』』角川選書、二〇一九年。

ウィトゲンシュタイン哲学全体を扱った入門書、解説書は数多くあるが、私が薦めるのは次の二冊である。

永井均『ウィトゲンシュタイン入門』ちくま新書、一九九五年。
飯田隆『ウィトゲンシュタイン――言語の限界』講談社、一九九七／新装版二〇〇五年。

永井の『ウィトゲンシュタイン入門』は、ウィトゲンシュタイン哲学というよりは永井哲学になっているようなところもあるが、基本的な事項の説明は丁寧で信頼できる。飯田の『ウィトゲンシュタイン』は、日本の分析哲学研究をリードしてきた研究者による堅実で明晰な入門書である。

この二冊はどちらも水準の高い入門書であるが、一九九〇年代に出版されたものであり、やや古いと言わざるをえなくなってきている。ウィトゲンシュタイン研究は二〇〇〇年代以降、専門的な研究が進んでいて、そのあたりの成果を押さえた本が書かれるべきであろう。(もちろん、新しければいいという話ではないのだが、少なくとも後期哲学の部分についてそのような本を書くというのが、本書執筆の動機の一つであった。)

あとがき

私がこの本で目指したのは、ウィトゲンシュタイン哲学のコアを提示することである。ウィトゲンシュタイン哲学のコアとは何だろうか。それは、私の考えではウィトゲンシュタインの哲学するさまである。ウィトゲンシュタインは、非常にユニークな仕方で哲学的問題を取り出し、論じ、治療する。そのやり方にこそウィトゲンシュタイン哲学の第一の魅力があるのだ。

このため私はウィトゲンシュタインの考えを簡潔に要約し、並べていく、という論じ方はしなかった。ウィトゲンシュタインの実際の議論を一つ一つゆっくりと丁寧に見ていくことでしか、その哲学の魅力は見えてこないと思われたのである。

従って、この本で扱う話題はある程度限定せざるをえなかった。後期ウィトゲンシュタイン哲学に限っても、「家族的類似」や「アスペクト」などの有名な話題を扱わなかった。また、数学の哲学や心理学の哲学など、興味深いものの、どちらかと言うと専門家向けの話題も扱っていない。これらの話題も視野に入れた総合的なウィトゲンシュタイン論については、他日を期すところである。とはいえ、専門家ではない一般の読者に対してウィトゲンシュタイン哲学の「コア」を提示するという課題に関しては、この本である程度、達成できたのではないかと思う。正直なところ、日本におけるウィトゲンシュタイン哲学像を一新するような議論ができたという自負もある。読者の皆様の判断を請うところである。

岩井拓朗、大澤真生、菅崎香乃、高井ゆと里、谷田雄毅、次田瞬、野上志学、古田徹也、和田慈の諸氏には、本書の草稿の一部——場合によってはほぼ全部——に対して、大変有益なコメントをいただいた。深く感謝するものである。

青土社の加藤峻さんには、書き下ろしの本を出したいという私の希望を聞いていただき、本書が形になるように様々にご尽力いただいた。草稿に対する詳細なコメントや直接お目にかかってのやり取りなどを通して、本書は形になっていった。加藤さんの的確なコメント、そして何よりも「いい本を出そう」という情熱とともに執筆ができたのは大変幸せであった。感謝申し上げたい。

妻の杏子は自身も忙しい中、序章の草稿を読み、一般読者の立場からコメントをしてくれた。議論の不備を指摘してもらったおかげで、かなり改善されたと思う。夫としてのひいき目もあると思うが、私の知る中で最も聡明、かつ、最も良心的な人である妻が、私の研究の価値を信じてくれているのは、大変励みになる。直接言えばいいことかもしれないが、ここでも感謝を記しておきたい。

そして、いまでも私を温かく見守り、気にかけてくれている両親にも最大の感謝を贈りたい。

なお、本書はすべて書き下ろしであるが、そこに含まれているアイディアの中にはすでに論文などで展開したものもある。以下に、関連する私の論考を挙げておく。

「ウィトゲンシュタインにおける言葉の意味と哲学の意義」東京大学大学院人文社会系研究科博士学位論文、二〇一〇年。（第1章、終章）

「ウィトゲンシュタインの哲学的方法」『哲学雑誌』、第一二五巻七九七号、一八三―二〇二頁、二〇一〇年。（第1章）

「言語は規則に支配されているのか」『哲学』、第六五号、一三五―一五〇頁、二〇一四年。（第3章）

「訳者解説――言語哲学と数学についての哲学的像」『ウィトゲンシュタインの講義　数学の基礎篇　ケンブリッジ　1939年』所収、コーラ・ダイアモンド（編）、大谷弘・古田徹也（訳）、講談社学術文庫、五六八―五九七頁、二〇一五年。（第1章）

“Wittgenstein on context and philosophical pictures.” *Synthese*, 193(6): 1795-1816, 2016.（第1章、第2章、第3章）

「常識と啓蒙の哲学者としてのウィトゲンシュタイン」『イギリス哲学研究』、第四〇号、三七―五一頁、二〇一七年。（第4章）

“Philosophical pictures about mathematics: Wittgenstein and contradiction.” *Synthese*, 195(5): 2039-2063, 2018.（第1章、第2章）

この本もそうだが、これらの論考を書いているときも、子育てと研究の両立は、私にとって重大な課題であった。特に次男が生まれた直後などは、子どもを抱っこ紐で抱えて散歩に出て、眠り始めたらカフェに入って研究書や論文を読むという毎日で、アカデミズム版の趙雲子龍という感じであった。私よりも苦労をしている人はたくさんいると思うが、それでもこれらの研究がこの本で一つのまとまった形になったことは大変うれしく、サポートしていただいた方々に深く感謝するところである。

二〇二〇年四月

大谷　弘

ウィトゲンシュタイン　明確化の哲学

2020年7月 3 日　第1刷発行
2022年2月13日　第2刷発行

著者——大谷 弘

発行者——清水一人
発行所——青土社

〒101-0051　東京都千代田区神田神保町1-29　市瀬ビル
［電話］03-3291-9831（編集）03-3294-7829（営業）
［振替］00190-7-192955

組版——フレックスアート
印刷・製本——シナノ印刷

装幀——水戸部 功

ISBN978-4-7917-7287-2　C0010

［著者］ 大谷 弘（おおたに・ひろし）
1979年京都府生まれ。東京大学大学院人文社会系研究科基礎文化研究専攻博士課程満期退学。博士（文学）。現在、東京女子大学現代教養学部准教授。専門は西洋哲学。主な著作に『「常識」によって新たな世界は切り拓けるか――コモン・センスの哲学と思想史』（共編著、晃洋書房）、『因果・動物・所有――一ノ瀬哲学をめぐる対話』（共編著、武蔵野大学出版会）など、訳書に『ウィトゲンシュタインの講義 数学の基礎篇 ケンブリッジ1939年』（共訳、講談社学術文庫）がある。

索　引

人名（ABC 順）

事項

た行

な行

は行

ま行

や行

ら行

参考文献

†ウィトゲンシュタインの著作（略号表を兼ねる）

BB: *The Blue and Brown Books*. Second edition. Oxford: Blackwell, 1969.（『青色本』大森荘蔵（訳）、筑摩書房、2010 年。）

BFGB: "Bemerkungen über Frazers Golden Bough." In James Klagge and Alfred Nordmann (eds.), *Ludwig Wittgenstein: Philosophical Occasions 1912-1951*. Indianapolis and Cambridge: Hackett, 1993: 118-155.（「フレーザー『金枝篇』について」杖下隆英（訳）、『ウィトゲンシュタイン全集　第 6 巻』所収、大修館書店、1975 年。）

BGM: *Bemerkungen über die Grundlagen der Mathematik*. G.E.M. Anscombe, R. Rhees, und G.H. von Wright (hersg.), Frankfurt am Main: Suhrkamp, 1984.（『数学の基礎』（『ウィトゲンシュタイン全集　第 7 巻』）中村秀吉・藤田晋吾（訳）、大修館書店、1976 年。）

CL: *Ludwig Wittgenstein: Cambridge Letters*. B. McGuiness and G.H. von Wright (eds.), Oxford: Blackwell, 1995.

LE: "A lecture on ethics." In James Klagge and Alfred Nordmann (eds.), *Ludwig Wittgenstein: Philosophical Occasions 1912-1951*. Indianapolis and Cambridge: Hackett, 1993: 37-44.（「倫理学講話」杖下隆英（訳）、『ウィトゲンシュタイン全集　第 5 巻』所収、大修館書店、1976 年。）

LFM: *Wittgenstein's Lectures on the Foundations of Mathematics, Cambridge 1939*. C. Diamond (ed.), Chicago: The University of Chicago Press.（『ウィトゲンシュタインの講義　数学の基礎篇　ケンブリッジ　1939 年』コーラ・ダイアモンド（編）、大谷弘・古田徹也（訳）、講談社、2015 年。）

LW1: *Last Writings on the Philosophy of Psychology, Vol. 1*. Oxford: Blackwell, 1982.（『ラスト・ライティングス』古田徹也（訳）、講談社、2016 年。）

LW2: *Last Writings on the Philosophy of Psychology: The Inner and the Outer, Vol.2*. Oxford: Blackwell: 1992.（『ラスト・ライティングス』古田徹也（訳）、講談社、2016 年。）

OC: *On Certainty*. G.E.M. Anscombe and G.H. von Wright (eds.), Oxford: Blackwell, 1969.（『確実性の問題』（『ウィトゲンシュタイン全集　第 9 巻』所収）黒田亘（訳）、大修館書店、1975 年。）

PI: *Philosophical Investigations*. Fourth edition. P.M.S. Hacker and J. Schulte (eds.), Oxford: Wiley-Blackwell, 2009.（『哲学探究』（『ウィトゲンシュタイン全集　第 8 巻』）藤本隆志（訳）、大修館書店、1976 年。）

PPF: "Philosophy of psychology – A fragment." In L. Wittgenstein. P.M.S. Hacker and J. Schulte (eds.), *Philosophical Investigations*. Fourth edition. Oxford: Wiley-Blackwell, 2009: 182-243.（『哲学探究』（『ウィトゲンシュタイン全集　第 8 巻』）に「第二部」として収録。藤本隆志（訳）、大修館書店、1976 年。）

RC: *Remarks on Colour*. G.E.M. Anscombe (ed.), Oxford: Blackwell, 1977.（『色彩について』中村昇・瀬嶋貞徳（訳）、新書館、1997 年。）

RPP1: *Remarks on the Philosophy of Psychology, Vol.1*. G.E.M. Anscombe and G.H. von Wright (eds.), Oxford: Blackwell, 1980.（『心理学の哲学 1 』（『ウィトゲンシュタイン全集　補巻 1 』）佐藤徹郎（訳）、大修館書店、1985 年。）

TLP: *Tractatus Logico-Philosophicus*. London: Routledge, 1922.（『論理哲学論考』野矢茂樹（訳）、岩波書店、2003 年。）

UW: "Ursache und Wirkung: Intuitive Erfassen." In James Klagge and Alfred Nordmann (eds.), *Ludwig Wittgenstein: Philosophical Occasions 1912-1951*. Indianapolis and Cambridge: Hackett, 1993: 370-405.（「原因と結果―直観的把握」羽地亮（訳）、『原因と結果：哲学』晃洋書房、2010 年。）

† 欧文文献

Arendt, Hannah. 1977. *The Life of Mind*. One-volume edition. San Diego, New York, and London: A Harvest Book.（『精神の生活』（上）（下）、佐藤和夫（訳）、岩波書店、1994 年。）

Austin, J.L. 1962. *Sense and Sensibilia*. Oxford: Oxford University Press.（『知覚の言語――センスとセンシビリア』丹治信春・守屋唱進（訳）、勁草書房、1984 年。）

Bach, Kent. 1994. "Conversational impliciture." *Mind and Language*, 9(2): 124-162.

————2001. "You don't say?" *Synthese*, 128(1-2): 15-44.

Baker, Gordon. 1974. "Criteria: A new foundation for semantics." *Ratio*, 16: 156-189.

————2001. "Wittgenstein: Concepts or conceptions?" *Harvard Review of*

Philosophy, 9. Reprinted in G. Baker (2004). K. Morris (ed.), *Wittgenstein's Method: Neglected Aspects*. Oxford: Blackwell: 260-278.

Baker, Gordon. P. and P.M.S. Hacker. 2009. *Wittgenstein: Rules, Grammar and Necessity*. Second edition. Oxford: Wiley-Blackwell.

Blackburn, Simon. 1988. "How to be an ethical anti-realist." *Midwest Studies*, 12. Reprinted in Simon Blackburn (1993), *Essays in Quasi-Realism*. Oxford: Oxford University Press: 166-181.(「倫理的な反実在論者になる方法」福間聡（訳）、『倫理的反実在論――ブラックバーン倫理学論文集』大庭健（編・監訳）、勁草書房、2017 年、pp.183-221。)

————1990. "Wittgenstein's irrealism." In R. Haller and J. Brandl (eds.), *Wittgenstein: Towards a Re-evaluation*. Vienna: Hölder-Pichler-Tempsky. Reprinted in S. Blackburn (2010), *Practical Tortoise Raising and other Philosophical Essays*. Oxford: Oxford University Press: 200-219.

————2017. "All Souls' night." In Peter Singer (ed.), *Does Anything Really Matter?: Essays on Parfit on Objectivity*. Oxford: Oxford University Press: 81-98.

Boghossian, Paul A. 1989. "Rule-following considerations." *Mind*, 98(392): 507-549.

————2006. *Fear of Knowledge: Against Relativism and Constructivism*. Oxford: Clarendon Press.

————2011. "Three kinds of relativism." In Steven D. Hales (ed.), *A Companion to Relativism*. Oxford: Blackwell: 53-69.

Cappelen, H. and Ernie Lepore. 2005. *Insensitive Semantics: A Defense of Semantic Minimalism and Speech Acts Pluralism*. Oxford: Blackwell.

Carston, Robyn. 2002. *Thoughts and Utterances: The Pragmatics of Explicit Communications*. Oxford: Blackwell.(『思考と発話――明示的伝達の語用論』西山佑司・内田聖二・松井智子・武内道子・山﨑英一（訳)、研究社、2008 年。)

Cavell, Stanley. 1962. "The availability of Wittgenstein's later philosophy." *The Philosophical Review*, 71: 67-93.

————1979. *The Claim of Reason: Wittgenstein, Skepticism, Morality and Tragedy*. Oxford: Oxford University Press.

Child, William. 2017. "Wittgenstein, scientism, and anti-scientism in the philosophy of mind." In Jonathan Beale and Ian James Kidd (eds.),

Wittgenstein and Scientism. London and New York: Routledge: 81-100.

Davidson, Donald. 1974. "On the very idea of a conceptual scheme." *Proceedings and Addresses of the American Philosophical Association*, 47. Reprinted in D. Davidson (2001). *Inquiries into Truth and Interpretation*. Second edition. Oxford: Oxford University Press: 183-198.（「概念枠という考えそのものについて」植木哲也（訳）、『真理と解釈』勁草書房、1991年、pp.192-213。）

Dennett, Daniel C. 1987. *The Intentional Stance*. Cambridge, Massachusetts: The MIT Press.（『「志向姿勢の哲学」――人は人の行動を読めるのか？』若島正・河田学（訳）、白揚社、1996年。）

Diamond, Cora. 1991. "Realism and the realistic spirit." In C. Diamond, *The Realistic Spirit: Wittgenstein, Philosophy, and the Mind*. Cambridge, Massachusetts: The MIT Press: 39-72.

Dummett, Michael. 1959. "Wittgenstein's philosophy of mathematics." *The Philosophical Review*, 68(3). Reprinted in M. Dummett (1978). *Truth and other Enigmas*. Cambridge, Massachusetts: Harvard University Press: 166-185.（「ウィトゲンシュタインの数学の哲学」藤田晋吾（訳）、『真理という謎』勁草書房、1986年、128-163頁。）

――――1978. "Realism." In M. Dummett, *Truth and other Enigmas*. Cambridge, Massachusetts: Harvard University Press: 145-165.（「実在論」藤田晋吾（訳）、『真理という謎』勁草書房、1986年、pp.93-127。）

――――1979. "What does the appeal to use do for the theory of meaning?" In A. Margalit (ed.), *Meaning and Use*. Dortrecht: Reidel. Reprinted in M. Dummett (1993). *The Seas of Language*. Oxford: Oxford University Press: 106-116.

Egan, David. 2011. "Pictures in Wittgenstein's later philosophy." *Philosophical Investigations*, 34(1): 55–76.

Fischer, Eugen. 2006. "Philosophical pictures." *Synthese*, 148(2): 469-501.

Fischer, Eugen., Paul. E. Engelhardt and Aurélie Herbelot. 2015. "Intuitions and illusions: From explanation and experiment to assessment." In E. Fischer and J. Collins (eds.), *Experimental Philosophy, Rationalism, and Naturalism: Rethinking Philosophical Method*. Oxon and New York: Routledge: 259-292.

Fischer, Eugen., Paul. E. Engelhardt, Joachim Horvath and Hiroshi Ohtani.

2019. “Experimental ordinary language philosophy: A cross-linguistic study of defeasible default inferences.” *Synthese*, doi.org/10.1007/s11229-019-02081-4.

Floyd, Juliet. 2005. “Wittgenstein on philosophy of logic and mathematics.” In S. Shapiro (ed.), *Oxford Handbook of Philosophy of Mathematics and Logic*. Oxford: Oxford University Press: 75-128.

Fodor, Jerry A. 2003. *Hume Variations*. Oxford: Oxford University Press.

Gasking, D.A.T. and A.C. Jackson. 1951. “Ludwig Wittgenstein.” *Australasian Journal of Philosophy*, 29(2): 73-80.（「教師ウィトゲンシュタイン」成田英明（訳）、『エピステーメー』1976年10月号、1976年、pp.252-256。）

Glock, H-J. 1991. “*Philosophical Investigations* section 128: ‘Theses in philosophy’ and undogmatic procedure.” In R. L. Arrington and H-J. Glock (eds.), *Wittgenstein's Philosophical Investigations: Text and Context*. London and New York: Routledge: 69-88.

———2009. “Meaning, rules, and conventions.” In E. Zamuner and D. K.Levy (eds.), *Wittgenstein's Enduring Arguments*. London and New York: Routledge: 156-178.

Goldfarb, Warren. 1992. “Wittgenstein on understanding.” *Midwest Studies in Philosophy*, 17: 109-122.

Glüer, Kathrin and Åsa Wikforss. 2010. “Es braucht die Regel nicht: Wittgenstein on rules and meaning.” In D. Whiting (ed.), *The Later Wittgenstein on Language*. Hampshire: Parlgrave Macmillan: 148-166.

Hacker, P.M.S. 2001. “Wittgenstein and the autonomy of humanistic understanding.” In R. Allen and M. Turvey (eds.), *Wittgenstein, Theory and the Arts*. London: Routledge. Reprinted in P.M.S. Hacker (2001), *Wittgenstein: Connections and Controversies*. Oxford: Oxford University Press: 34-73.

———2006. “Of knowledge and of knowing that someone is in pain.” In A. Pichler and S. Säätelä (eds.), *Wittgenstein: The Philosopher and his Works*. Frankfurt a. M: Ontos Verlag: 244-276.

———2012. “Wittgenstein on grammar, theses and dogmatism.” *Philosophical Investigations*, 35(1): 1-17.

———2019. *Wittgenstein on Meaning and Mind: Volume 3 of An Analytical Commentary on the Philosophical Investigations, Part I – Essays*. Second edition. Chichester, West Sussex: Wiley-Blackwell.

Hanfling, Oswald. 2002. "Does language need rules?" In O. Hanfling, *Wittgenstein and Human Forms of Life*. London and New York: Routledge: 51-65.

Heidegger, Martin. 1993. *Sein und Zeit*. Tübingen: Max Niemeyer.（『存在と時間』（Ⅰ）（Ⅱ）（Ⅲ）、原佑・渡邊二郎（訳）、中央公論新社、2003 年。）

Hopkins, Jim. 2012. "Rules, privacy, and physicalism." In Jonathan Ellis and Daniel Guevara (eds.), *Wittgenstein and the Philosophy of Mind*. Oxford: Oxford University Press: 107-144.

Horwich, Paul. 1998. *Truth*. Second edition, Oxford: Clarendon Press.

――――2012. *Wittgenstein's Metaphilosophy*. Oxford: Oxford University Press.

Kagan, Shelly. 2012. *Death*. New Haven and London: Yale University Press.（『死とは何か――イェール大学で 23 年連続の人気講義［完全翻訳版］』柴田裕之（訳）、文響社、2019 年。）

Kanterian, Edward. 2017. "Privacy and private language." In H-J. Glock and J. Hyman (eds.), *A Companion to Wittgenstein*. Chichester: John Wiley and Sons: 445-464.

Kenny, Anthony. 2006. *Wittgenstein*. Revised edition. Oxford: Blackwell.（『ウィトゲンシュタイン』野本和幸（訳）、法政大学出版局、1982 年。）

Kittay, Eva Feder. 1999. *Love's Labor: Essays on Women, Equality, and Dependency*. New York: Routledge.（『愛の労働あるいは依存とケアの正義論』岡野八代・牟田和恵（訳）、白澤社、2010 年。）

Kölbel, Max. 2004. "Faultless disagreement." *Proceedings of Aristotelian Society*, 104(1): 53-73.

Kripke, Saul. 1982. *Wittgenstein on Rules and Private Language*. Cambridge, Massachusetts: Harvard University Press.（『ウィトゲンシュタインのパラドックス――規則・私的言語・他人の心』黒崎宏（訳）、産業図書、1983 年。）

Kuusela, Oskari 2008. *The Struggle against Dogmatism: Wittgenstein and the Concept of Philosophy*. Cambridge, Massachusetts: Harvard University Press.

Levinson, Stephen C. 2000. *Presumptive Meanings: The Theory of Generalized Conversational Implicature*. Cambridge, Massachusetts: The MIT Press.（『意味の推定――新グライス学派の語用論』田中廣明・五十嵐海理（訳）、研究社、2007 年。）

MacFarlane, John. 2005. "Making sense of relative truth." *Proceedings of*

Aristotelian Society,105(3): 321-339.
Malcolm, Norman. 1984. *Ludwig Wittgenstein: A Memoir*. Second edition. Oxford: Clarendon Press.（『ウィトゲンシュタイン——天才哲学者の思い出』板坂元（訳）、平凡社、1998年。）
McDowell, John. 1989. "One strand in the private language argument." *Grazer Philosophische Studien*, 33/34. Reprinted in J. McDowell (1998), *Mind, Value, and Reality*. Cambridge, Massachusetts: Harvard University Press: 279-296.
————1996. *Mind and World, With a New Introduction*. Cambridge, Massachusetts: Harvard University Press.（『心と世界』神崎繁・河田健太郎・荒畑靖宏・村井忠康（訳）、勁草書房、2012年。）
————2009. "Are meaning, understanding, etc., definite state?" In J. McDowell, *The Engaged Intellect: Philosophical Essays*. Cambridge, Massachusetts: Harvard University Press: 79-95.
McGinn, Marie. 2013. *The Routledge Philosophical Guidebook to Wittgenstein's Philosophical Investigations*. Second edition. Abingdon: Routledge.
Mouffe, Chantal. 2000. *The Democratic Paradox*. New York: Verso.（『民主主義の逆説』葛西弘隆（訳）、以文社、2006年。）
Nussbaum, Marth. 1990. "Introduction: Form and content, philosophy and literature." In M. Nussbaum, *Love's Knowledge: Essays on Philosophy and Literature*. Oxford: Oxford University Press: 3-53.
Ohtani, Hiroshi. 2016. "Wittgenstein on context and philosophical pictures." *Synthese*, 193(6): 1795-1816.
Osborne, Catherine. 2006. "Socrates in the Platonic dialogues." *Philosophical Investigations*, 29(1): 1–21.
Parfit, Derek. 2011. *On What Matters*, Vol. 2. Oxford: Oxford University Press.
Pears, David. 1988. *The False Prison: A Study of the Development of Wittgenstein's Philosophy*, Vol. 2. Oxford: Oxford University Press.
Pitkin, Hanna. 1972/1993. *Wittgenstein and Justice*. With a New Preface. Berkeley, Los Angels and London: University of California Press.
Putnam, Hilary. 1981. *Reason, Truth and History*. Cambridge: Cambridge University Press.（『理性・真理・歴史——内在的実在論の展開』野本和幸・中川大・三上勝夫・金子洋之（訳）、法政大学出版局、1994年。）
————1999. *The Threefold Cord: Mind, Body and World*. New York: Columbia University Press.（『心・身体・世界——三つ撚りの綱／自然な実在論』

野本和幸（監訳）、関口浩喜・渡辺大地・入江さつき・岩沢宏和（訳）、法政大学出版局、2005 年。）
———2004. *Ethics without Ontology*. Cambridge, Massachusetts: Harvard University Press.（『存在論抜きの倫理』関口浩喜・渡辺大地・岩沢宏和・入江さつき（訳）、法政大学出版局、2007 年。）
Quine, W.V.O. 1948. "On what there is." *The Review of Metaphysics*, 2(5). Reprinted in W.V.O. Quine (1980), *From a Logical Point of View: Nine Logico-Philosophical Essays*. Second edition. Cambridge, Massachusetts: Harvard University Press: 1-19.（「なにがあるのかについて」飯田隆（訳）『論理的観点から——論理と哲学をめぐる九章』勁草書房、1992 年、pp.1-29。）
Recanati, François. 1989. "The pragmatics of what is said." *Mind and Language*, 4(4): 295-329.
———2001. "What is said." *Synthese*, 128(1-2): 75-91.
———2004. *Literal Meaning*. Cambridge: Cambridge University Press.（『ことばの意味とは何か——字義主義からコンテクスト主義へ』今井邦彦（訳）、新曜社、2006 年。）
Rhees, Rush. 1970. "Wittgenstein's builder." In R. Rhees, *Discussions of Wittgenstein*. London: Routledge and Kegan Paul: 71-84.
Rorty, Richard. 2007. "Wittgenstein and the linguistic turn." In R. Rorty, *Philosophy as Cultural Politics*. Cambridge: Cambridge University Press: 160-175.（「ヴィトゲンシュタインと言語論的転回」冨田恭彦・戸田剛文（訳）、『文化政治としての哲学』岩波書店、2011 年、pp.185-210。）
Russell, Bertrand. 1918. "The philosophy of logical atomism." In J. Slater (1986) (ed.), *The Collected Papers of Bertrand Russell, Vol.8: The Philosophy of Logical Atomism and other Essays 1914–19*. London: Routledge: 157-244.（『論理的原子論の哲学』髙村夏輝（訳）、筑摩書房、2007 年。）
Schönbaumsfeld, Genia. 2010. "A 'resolute' later Wittgenstein?" *Metaphilosophy*, 41(5): 649–668.
Sluga, Hans. 2011. *Wittgenstein*. Oxford: Blackwell.
Sosa, Ernest. 2009. "Reflective knowledge in the best circle." In E. Sosa, *Reflective Knowledge: Apt Belief and Reflective Knowledge*, Volume II. Oxford: Oxford University Press: 178-210.
Stern, David G. 2004. *Wittgenstein's Philosophical Investigations: An Introduction*.

Cambridge: Cambridge University Press.

———2007. "The uses of Wittgenstein's beetle: *Philosophical Investigations* § 293 and its interpreters." In Guy Kahane, Edward Kanterian and Oskari Kuusela (eds.), *Wittgenstein and His Interpreters: Essays in Memory of Gordon Baker*. Oxford: Blackwell: 248-268.

———2011. "Private language." In M. McGinn and O. Kuusela (eds.), *The Oxford Handbook of Wittgenstein*. Oxford: Oxford University Press: 333-350.

ter Hark, Michael. 2001. "Wittgenstein and Dennett on patterns." In Severin Schroeder (ed.), *Wittgenstein and Contemporary Philosophy of Mind*. Hampshire: Palgrave Macmillan: 85-103.

Travis, Charles. 1989. *The Uses of Sense: Wittgenstein's Philosophy of Language*. Oxford: Oxford University Press.

———1997. "Pragmatics." In B. Hale and C. Wright (eds.), *A Companion to the Philosophy of Language*. Oxford: Blackwell: 87-107.

———2006. *Thought's Footing: A Theme in Wittgenstein's Philosophical Investigations*. Oxford: Oxford University Press.

Tully, James. 2003. "Wittgenstein and political philosophy." In Cressida J. Heyes (ed.), *The Grammar of Politics: Wittgenstein and Political Philosophy*. Ithaca and London: Cornell University Press.

Vision, Gerald. 2005. "The truth about *Philosophical Investigations* I §§ 134-137." *Philosophical Investigations*, 28(2): 159-176.

Vlastos, Gregory. 1983. "The Socratic elenchus." *Oxford Studies in Ancient Philosophy*, 1: 27-58.（「ソクラテスの論駁法」田中享英（訳）『ギリシア哲学の最前線 I』井上忠・山本巍（編）、東京大学出版会、1986 年、pp.37-72。）

Waugh, Alexander. 2008. *The House of Wittgenstein: A Family at War*. New York: Doubleday.（『ウィトゲンシュタイン家の人びと――闘う家族』塩原通緒（訳）、中央公論新社、2010 年。）

Williams, Michael. 2004. "Wittgenstein, truth and certainty." In Max Kölbel and Bernhard Weiss (eds.), *Wittgenstein's Lasting Significance*. London and New York: Routledge: 247-281.

Wrenn, Chase. 2015. *Truth*. Cambridge: Polity.（『真理』野上志学（訳）、岩波書店、2019 年。）

Wright, Crispin. 1980. *Wittgenstein on the Foundations of Mathematics*. London:

Duckworth.
Wrisley, George. 2011. "Wherefore the failure of private ostension?" *Australasian Journal of Philosophy*, 89(3): 483–498.

†邦語文献

朝尾直弘・宇野俊一・田中琢 2010『角川新版　日本史辞典』角川学芸出版。

荒畑靖宏 2016「言語を、そして世界を取り戻すこと、治療すること――ひとりのウィトゲンシュタイン」荒畑靖宏・山田圭一・古田徹也（編）『これからのウィトゲンシュタイン――刷新と応用のための 14 篇』リベルタス出版、pp.33-53。

井頭昌彦 2017「哲学的自然主義の内と外」『現代思想』（総特集＝分析哲学）、第 45 巻第 21 号、pp.186-206。

池田喬 2018「順応と逸脱、あるいは道徳性の自然な捉え方――ハイデガー『存在と時間』におけるダス・マン論の再読解と新展開」『現代思想』（総特集＝ハイデガー）、第 46 巻第 3 号、pp.111-125。

伊勢田哲治 2003『疑似科学と科学の哲学』名古屋大学出版会。

大谷弘 2010「ウィトゲンシュタインにおける言葉の意味と哲学の意義」東京大学大学院人文社会系研究科博士学位論文。

――――2011「『哲学探究』の真理論」『武蔵野大学教養教育リサーチセンター紀要 The Basis』第 1 号、pp.119-133。

――――2014「言語は規則に支配されているのか」『哲学』第 65 号、pp.135-150。

――――2016a「常識と啓蒙の哲学者たち――リードとウィトゲンシュタイン」大谷弘・青木裕子（編）、『研究成果報告書　イギリス思想における常識と啓蒙の系譜とその現代的意義についての研究』、武蔵野大学人間科学部大谷弘研究室、pp.79-94。

――――2016b「槇原敬之の倫理学――倫理学的探求としてのポピュラー音楽」『フィルカル』第 1 巻第 2 号、pp.142-163。

――――2016c「倫理について哲学者が語りうること――ウィトゲンシュタイン、ロールズ、倫理的像」荒畑靖宏・山田圭一・古田徹也（編）『これからのウィトゲンシュタイン――刷新と応用のための 14 篇』リベルタス出版、pp.153-167。

――――2020「動物たちの叫びに応答すること――一ノ瀬倫理学の方法論について」宮園健吾・大谷弘・乗立雄輝（編）『因果・動物・所有――

一ノ瀬哲学をめぐる対話』武蔵野大学出版会、pp.281-310。
金杉武司 2007『心の哲学入門』勁草書房。
———— 2014『解釈主義の心の哲学——合理性の観点から』勁草書房。
鬼界彰夫 2003『ウィトゲンシュタインはこう考えた』講談社。
———— 2018『ウィトゲンシュタイン『哲学探究』を読む① 『哲学探究』とはいかなる書物か——理想と哲学』勁草書房。
小林道夫 2009『科学の世界と心の哲学——心は科学で解明できるか』中央公論新社。
鈴木貴之 2015『ぼくらが原子の集まりなら、なぜ痛みや悲しみを感じるのだろう——意識のハード・プロブレムに挑む』勁草書房。
高井寛 2020「常識と行為者性——テイラーとハイデガーによる常識の理論」青木裕子・大谷弘（編）『「常識」によって新たな世界は切り拓けるか——コモン・センスの哲学と思想史』晃洋書房、pp.171-191。
田房永子 2012『母がしんどい』新人物往来社。
———— 2014『呪詛抜きダイエット』大和書房。
谷田雄毅 2019「第3のウィトゲンシュタインにおける心理学の哲学——振りをする概念の位置づけと物的／心的概念の区別をめぐって」『哲学雑誌』第133巻第806号、pp.131-147。
デカルト、ルネ 2002『省察・情念論』井上庄七・森啓・野田又夫（訳）中央公論新社。
中村昇 2009『ウィトゲンシュタイン——ネクタイをしない哲学者』白水社。
夏目漱石 1948『それから』新潮社。
野矢茂樹 1999『哲学・航海日誌』春秋社。
———— 2016『心という難問——空間・身体・意味』講談社。
橋爪大輝 2019「〈一者の中の二者〉の構造と成立機序——アーレントにおける思考の概念」『倫理学年報』第66集、pp.159-172。
プラトン 1967『ゴルギアス』加来彰俊（訳）岩波書店。
———— 1998『ソクラテスの弁明・クリトン』三嶋輝夫・田中享英（訳）、講談社。
———— 2019『テアイテトス』渡辺邦夫（訳）、光文社。
古田徹也 2014「書評　ルートヴィヒ・ヴィトゲンシュタイン著、丘沢静也訳『哲学探究』（岩波書店、2013年刊）」『科学哲学』第47巻第2号、pp.107-109。
———— 2018『言葉の魂の哲学』講談社。

松永澄夫 2014『価値・意味・秩序――もう一つの哲学概論：哲学が考えるべきこと』東信堂。
吉田寛 2016「「はしご」としての『論考』の読み方と哲学の可能性」荒畑靖宏・山田圭一・古田徹也（編）『これからのウィトゲンシュタイン――刷新と応用のための14篇』リベルタス出版、pp.19-32。